KB168797

**1판 1쇄 펴낸 날** 2019년 10월 23일

**지은이** 이명재
**펴낸이** 나성원
**펴낸곳** 나비의활주로

**기획편집** 유지은
**디자인** design BIGWAVE

**주소** 서울시 강북구 삼양로 85길, 36
**전화** 070-7643-7272
**팩스** 02-6499-0595
**전자우편** butterflyrun@naver.com
**출판등록** 제2010-000138호
**상표등록** 제40-1362154호

**ISBN** 979-11-88230-88-4 03320

※ 이 책은 저작권법에 따라 보호받는 저작물이므로 무단 전재와 무단 복제를 금지하며,
　　이 책 내용의 전부 또는 일부를 이용하려면 반드시 저작권자와
　　도서출판 나비의활주로의 서면 동의를 받아야 합니다.
※ 잘못된 책은 바꾸어 드립니다.
※ 책값은 뒤표지에 있습니다.

왕초보도 쉽게 낙찰받고 명도하는 알짜 경매 실전

경매가
이렇게
쉬울 줄이야

이명재 지음

나비의 활주로

# 경매 성공은 오랜 공부와 기다림이 아니라 적절한 전략과 타이밍에 달려 있다

많은 이들이 경매는 공부를 많이 해야만, 돈이 많이 있어야만 할 수 있는 재테크라고 오해하고 있다. 하지만 단언컨대 그렇지 않다. 경매 초보라도 기본 지식을 익히고 절대 사고 나지 않을 안전한 물건에 도전하면 어렵지 않게 성공할 수 있다. 바로 나의 경험이 이를 증명한다.

필자는 첫 낙찰을 받은 시점부터 쉽고 평범한 물건으로 3년간 15채의 주택을 낙찰받아 수익을 올렸다. 이는 나만의 특별한 이야기가 아니다. 당신도 충분히 할 수 있다. 단, '부단히 노력하고 끈질기게 도전한다'는 전제는 따른다.

필자에게 똑같이 교육을 받아도 그냥 교육뿐으로 끝내는 이들이 있다. 반면에 1년 동안 세 건을 낙찰받아 두 건은 단기 투자로 이익을 거두고 한 건은 임대로 수입을 얻는 수강생도 있다. 이들의 차이는 끊임없이 도전하는 정신에 있는 것이지, 특별한 지식이나 돈이 많아서가 아니다.

이제 필자는 경매로 어느 정도 경험과 성과를 쌓았다. 이런 상황에서 왕초보 시절, 힘들었던 당시를 떠올리니 나 스스로가 참으로 안타까웠다. 당시 경매와 관련하여 수많은 책을 읽었고, 많은 강의를 들었으며 유명한 강사도 제법 만났다. 몇만 원에 들을 수 있는 두 시간짜리 특강부터 수십, 수백만 원이 넘는 강의도 수없이 들었다.

하지만 경매에 입문하여 3년 동안 한 번의 입찰조차 못 했는데, 그 이유는 두려움 때문이었다. 많은 공부와 공인중개사 자격증을 준비하는 과정에서 법률적인 부분은 깊은 지식이 있었으나, 처음 도전하는 당시에는 권리분석을 잘하는 것인지조차 미심쩍었다. 시세 조사를 맞게 했는지도 불안했으며, 사람을 내보내는 명도 과정도 너무 막막하고 두려웠다. 교육을 들으면 강사나 교육자 분들이 피드백을 해주고 용기를 줄줄 알았다. 그러나 그건 나만의 착각이었고 교육은 말 그대로 교육으로 끝나고 말았다.

일련의 교육 과정이 끝나면 더는 만남이 없었고, 전화하거나 문자로 궁금증을 문의하면 귀찮아하는 느낌의 답장도 받았다. 심지어 어떤 강사는 전화도 받지 않고, 문자에 답변조차 없었다. 이렇다 보니 경매 지식은 늘어갔지만, 실질적으로 낙찰 한 번 받지 못한 채 3년을 보냈다.

당시 초보였던 내게 권리분석에 대해 조언해주는 누군가가 있어 명도하는 과정에서 조금만 도움을 받았더라면 훨씬 빨리 경매에 입문할 수 있었을 것이라는 생각이 들었다. 이런 어려움을 겪었기에 처음으로 경매에 도전하는 이들의 곁에서 때로는 스승으로, 때로는 같은 길을 걷는 동지이자 같이 성장하는 입장으로 다가가고 싶었다.

이런 생각을 바탕으로 다른 곳에는 없는 특별한 경매 교육인 쓰리원3 One 경매 과정을 개설했다. 이는 '원 데이, 원 석세스, 원 이어One day, One success, One year'라는 구호를 내걸고 '공부는 하루 안에 끝내고, 최소 한 건을 성공할 때까지, 최소 1년간 피드백을 제공한다는 내용으로 진행하는 교육 과정이다. 오랜 공부와 투자 경험, 그리고 수강생들을 지켜보며 만들었다. 공부는 기본만 익히고, 쉽고 안전한 물건으로 도전하여 낙찰받아 수익을 올릴 수 있도록 계속 조언과 도움을 준다.

이 책은 이렇듯 경매를 보다 쉽게, 더욱 안전하고 빨리 수익을 실현할 수 있도록 도움을 주는 데 초점을 맞췄다. 권리분석의 어려움, 명도에 대한 막연한 두려움, 필요 자본에 대한 생각, 남의 불행으로 이익을 얻는 것 같은 불필요한 죄책감 등 경매를 망설이는 이유가 잘못된 편견으로부터 시작되었다는 사실을 알리고자 한다.

경매는 단연코 최소한의 자본금으로 최대의 수익을 낼 수 있는 최고의 재테크 수단이다. 프롤로그에서 다룬 초보 수강생들의 성공담은 누구나 쉬운 방법으로 경매에 도전해 성공할 수 있는 사실을 보여준다. 파트 1에서는 나의 첫 낙찰기에 대해 자세히 정리했다. 수많은 실패를 거듭하다 첫 낙찰을 받게 되었을 때의 걱정과 불안한 심리 상태와 처리 과정을 여과 없이 적었다. 또한, 파트 1의 경매 진행 과정과 노하우를 따라 하기만 해도 하루 만에 쉽고, 안전한 경매를 할 수 있다.

필자의 8시간 교육만으로 입찰하고 낙찰받아 수익을 올리는 수강생들이 증인이다. 물론 당신도 가능하다. 2, 3, 4 파트에서는 경매 과정에서 이론적으로 더 체계적이고 매끄럽게 진행하는 데 도움이 되는 부분에 대해 다루었다. 부록에서는 '경매물건을 찾는 것을 시작으로 마지막 매도에 이르는 과정'까지 이해하기 쉽게 설명했다. 이 순서대로 첫 입찰을 하고 낙찰을 준비하면 된다. 더불어 다른 경매 서적에서는 찾아보기 힘든 '잘나가는 집을 위한 셀프 인테리어 팁'까지 다루고 있으니 낙찰 후 참고하기 바란다.

더 어렵고 깊이 있는 공부는 투자하며 그때그때 공부하고 익혀도 된다. 초보가 너무 많은 것을 공부하려 하면 어렵기만 한 법률에 머리만 복잡해지고 의욕만 떨어지기 쉽다. 뒷산으로 산책하기 위해 히말라야에 등정할 듯한 복장과 장비는 시간과 체력을 낭비할 뿐 도움이 되지 않듯이, 초보에게 너무 많은 공부는 금물이다. 오히려 경험이 더 공부가 되고 성공에 이르는 가장 빠른 수단이라는 것을 알아야 한다.

또한, 초보 수강생들의 성공담과 더불어 가장 많이 궁금해하는 내용을 풀어 놓았다. 이 책을 통해 평소 갖고 있던 경매에 대한 편견과 오해에서 벗어나 경매라는 훌륭한 재테크 수단을 통하여 경제적 자유를 얻길 바란다.

이명재

# 목차

# 1 돈도 배경 없이도 경매로 성공할 수 있는 진짜 이유

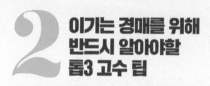

# 2 이기는 경매를 위해 반드시 알아야할 톱3 고수 팁

『이 책에서 소개하는 수강생의 이야기는 실제 낙찰 사례로 개인 정보 보호 차원에서 자세한 사건 내역은 기재하지 않았으며, 수익률은 근사치임을 밝힌다.』

## Prologue

✕

# 제대로만 받으면
# 하루 교육으로도
# 경매 실전 성공할 수 있다

# 첫 입찰에 낙찰 받아 매도까지 딱 3개월 걸린 직장인 A 씨의 사례

## ☑ 첫 입찰에 낙찰에 성공하다

"선생님, 저 낙찰받았어요."

"진짜예요? 와, 대단한데요. 첫 입찰에 낙찰이라니요."

"정말 감사합니다. 그런데 조금 속상해요."

"왜요?"

"2등 하고 약 400만 원 가까이 차이가 나서요."

"속상해하실 필요 없어요. 입찰할 때 원하는 목표 수익을 설정하고 입찰한 거잖아요. 원하는 수익만 올리면 되죠."

"그렇긴 한데요. 아무튼 도움을 주셔서 정말 감사합니다."

400만 원 정도가 무슨 큰 차이냐고 의아해하는 분이 계실지도 모른다. 물론 최소 1, 2억이 넘는 아파트의 낙찰가가 1등과 2등의 차이가 400만 원 정도라면 아주 큰 차이라 생각하기는 어렵다. 그렇지만 시세 4천만 원 정도의 아파트 낙찰가 차이가 400만 원이라면 결코 적은 금액은 아니다. 이렇게 2등과 차이가 크게 나는 데는 나름대로 이유가 있다.

이분은 20대 여성으로 직장생활을 하며 경매에 궁금증을 갖고 있다가 필자의 첫 저서를 읽고 무작정 교육을 신청하고 수강했다. 이분의 부모님은 부동산중개업소를 운영하고 계셨는데, 나에게 경매 교육을 신청한다고 했더니 적극적으로 찬성하셨단다(사실, 공인중개사 실무와 경매와는 조금 차이가 있어 경매를 하지 않는 공인중개사가 많다). 교육하는 내내 질문도 많이 했고, 정말 열성적으로 학습했다. 그러다 입찰하기 며칠 전 주말에 전화가 왔다.

## ☑ 아파트 시세가 수상하다?

"선생님, 저 전주에 왔는데요."

"예? 서울에서 전주까지 가셨어요?"

"네, 서울과 경기권은 소액으로 입찰할 만한 물건이 없고 이쪽에 조사하고픈 물건이 있어서 왔어요."

"아, 그러세요. 어떤 물건 보세요?"

"지은 지 오래된 저렴한 아파트 보러왔어요. 시세가 3천4백만~4천만 원 정도 하네요."

"제가 교육할 때 항상 강조했죠? 현장 조사할 때 무엇이 가장 중요하다고요?"

"당연히 정확한 시세 파악이죠."

"그럼, 시세 파악은 정확히 하셨어요?"

"예, 중개업소가 근처에 2군데 밖에 없는데요. 신기하게도 여기는 중간층보다 1층이 더 비싸다고 하네요?"

순간 나의 귀를 의심했다. 아파트나 다세대 같은 공동주택은 통상 1층과 꼭대기 층이 가장 저렴하고, 그다음에는 2층, 꼭대기 아래층이 조금 더 시세가 좋고 중간층이 가장 비싸다. 예를 들어 5층짜리 아파트라면 보통 3층이 가장 비싸고 그다음 2층과 4층이 비싸며, 마지막으로 1층과 5층이 가장 저렴하다. 나의 오랜 투자로 갖고 있던 상식에 벗어나는 황당한 경우였다.

 **알아두면 좋은 경매 상식 × 공동주택의 층별 시세를 알아보자**

아파트나 다세대 주택 같은 여러 층의 공동주택은 해당 층에 따라 시세가 다르게 형성된다. 다세대 주택은 1층과 4층이 가장 저렴하고 2층과 3층의 시세가 더 높다. 하지만 아파트는 5층짜리는 1층과 5층이 가장 저렴하고, 3층의 시세가 가장 좋다. 15층짜리는 1층과 15층이 가장 저렴하고, 8~12층의 시세가 좋다.

*베란다 확장이나 인테리어 상태, 아파트의 방향 등은 개별적 요인으로 판단한다.

"예? 1층이 중간층보다 더 비싸다고요?"

"네, 중간층보다 1층이 더 비싸다고 하네요."

"정말로요? 희한하네요. 제가 10년 넘게 부동산에 투자해봤어도 5층짜리 아파트 1층이 2층보다 비싸다는 얘기는 처음 듣는데요?"

"중개업소 얘기로는 여기 아파트는 그렇데요."

너무나도 자신 있게 말했지만, 시세 조사를 정확히 한 것인지 미심쩍었다. 나의 오랜 투자 경험으로는 중간층보다 1층이 더 비싼 아파트는 본 적이 없었다. 그래서 다시 한번 시세를 조사하길 권했다.

"혹시 잘못 조사했을지도 모르니 한 번 더 알아보세요."

"네, 알겠습니다."

"수고하셨고요. 입찰이 내일이라고요?"

"네, 월차 냈어요."

"기일입찰서는 오늘 저녁에 집에서 미리 작성하세요."

"네, 그렇게 할게요. 내일 결과 나오면 연락드릴게요."

단기 차익을 목적으로 한다기에 원하는 목표 수익 금액을 확인하고 필요 경비와 양도세를 적용하여 역으로 입찰가를 계산하라고 조언하고 통화를 마무리 지었다. 그리고 다음 날 오후, 낙찰받았다는 내용의 전화가 걸려왔다. 단기 차익을 목표로 한다기에 낙찰받은 집에 방문하면서 중개업소에 들러 매물로 놓을 거라 넌지시 얘기하고 오라고 의견을 전했다. 그런데 몇 시간이 지난 후 전화가 다시 걸려왔다.

## ☑ 역시, 예상대로였던 시세

"선생님, 저 실수했어요."

"무슨 실수요?"

"시세 파악 잘못했어요. 1층이 2층보다 3~400만 원 더 저렴하데요."

"그때, 분명 2층보다 1층이 비싸다고 했다면서요."

"저도 그런 줄 알았는데, 잘못 알아들었나 봐요."

순간 '그래서 2등과 차이가 크게 났구나~'라는 생각이 들었다.

"혹시, 그런 이유로 3,4백만 원 낮춰 입찰했으면 낙찰받지 못했을 수도 있었으니까, 좋은 경험했다고 생각하시고 잘 진행하세요. 그렇다고 손해나거나 수익이 너무 적은 건 아니잖아요."

"그렇긴 해요. 그래도 시세를 잘못 조사해서 아쉬워요."

"점유자는 만나 보았나요?"

"집에 아무도 없기에 연락처만 남겨 놓고 왔어요."

"잘하셨어요. 너무 신경 쓰지 말고, 오늘은 집에서 푹 쉬세요."


## ☑ 내용증명으로 명도 협상을 마무리 짓다

며칠 후 점유하고 있는 세입자로부터 전화가 왔단다. 그런데 약간 반말을 섞어가며 투덜거리며 대화도 잘 안 하고 일방적으로 전화를 끊어서 걱정이라고 했다. 그래서 절대 걱정하지 말고 내용증명을 한 통 보내라고 조언하고, 보내기 전에 제대로 작성했는지 확인해 줄 테니 나에게 이메일로 보내 달라고 했다.

받은 내용증명을 보니 A 씨의 여린 마음이 여실히 보였다. 잘 협상하고자 했으나, 얘기할 의지조차 보이지 않는 점유자에게 '… 최악의 상황을 가정한 것으로 수신인의 불이익을 우려하여 법률 조항 사실 확인 차원에서 알려드리는 바이오니, 수신인은 오해 없으시기 바랍니다…' 등 너무 부드럽고 완곡한 표현이 가득했다.

본인은 최대한 배려하는 심정으로 이런 내용을 담았겠지만, 현실적으로 이렇게 부드럽게 얘기하면 일의 진척이 잘되지 않는다. 상대방에게 협상을 유도하고자 한다면 강한 어조로 자신의 굳은 의지를 보여야만 한다. 그래서 너무 하소연하듯 작성된 문구들을 빼고, 강한 어조와 심리적으로 압박을 느끼도록 수정해서 보내 주었다. 수정해준 내용으로 보내라 했고, 알았다는 답이 왔다. 며칠이 흘렀는데도 연락이 없어 진행 과정이 궁금해져 내가 먼저 전화했다.

"내용증명은 잘 보내셨죠?"

"네, 수정해주신 내용으로 보냈어요."

"그 이후 세입자에게서는 아무런 연락이 없나요?"

"아뇨, 내용증명 받고 바로 다음 날 연락이 왔어요. 연락 못 드려서 죄송해요."

"아니, 괜찮습니다. 그분은 뭐라고 합니까?"

"자기는 일정 잡고 조용히 이사하려 했는데, 왜 이런 것을 보냈느냐고 하네요. 저번 통화 때는 퉁명하더니, 말투도 부드러워졌고요."

"그것 보세요. 걱정하실 필요가 없다니까요. 그래서 어떻게 하기로 하셨어요?"

"잔금을 내는 날 이사하기로 했고, 관리비 정산하고 이사비는 안 주는 것으로 얘기 끝났어요."

"잘하셨네요. 그 내용을 합의서로 작성하는 것 잊지 마시고요."

"네, 그렇게 하겠습니다. 감사합니다."


이 사례에서 해당 물건의 세입자는 전액 배당받기 때문에 이사비를 지급하지 않아도 되는 쪽으로 협상했고, 원하는 대로 잘 마무리되었다. 대출도 다니던 회사에서 이자율이 저렴한 직원 전용 대출을 이용했다. 그래서 나에게 문의해가며 소유권 이전 등기도 스스로 진행했다.

반나절 만에 소유권 이전을 마치고 법무 비용과 경비로 최소 50만 원은 아꼈을 것으로 생각된다. 그 후 오래된 아파트라 수리하는 데 조금 고생했지만 저렴하게 잘 마무리하고 빠른 시간에 매도했다.

약 800만 원을 투자해서 3개월 만에 양도세 40%를 납부하고도 꽤 괜찮은 수익을 올린 것으로 보인다. 처음 목표 수익이 500만 원 이상이었는데 그 정도는 안 된다며 자세한 금액은 말을 안 하고 300만 원은 넘고, 500만 원은 안 된다고 했다. 이 말로 미루어 짐작하건대 400만 원 정도의 수익을 올렸을 것으로 추측된다. 첫 투자에 소액으로 올린 크나큰 성과였다. 더욱이 첫 입찰에 첫 낙찰이라는 대단한 일을 해냈다는 것이 대견했다.

이후 몇 개월 후 근황이 궁금해서 연락했더니 그새 다른 경매 물건을 낙찰받아서 월세를 받고 있단다. '역시 예상했던 대로 한 번 경험하고 나니 혼자서도 잘하고 계시는구나. 야무진 분이야. 대단해'라는 생각이 들었다.

**투자 내용 요약**

| 투입 자본 | 약 800만 원 |
|---|---|
| **투자 기간** | 3개월 |
| **투자 수익 금액(투자수익률)** | 350~400만 원 |
| **특징** | · 첫 입찰에 낙찰<br>· 회사에서 직원에게 지원하는 대출 받음(금융 수수료 절약)<br>· 자신이 등기를 진행하여 등기 수수료 절약 |

# 하루 교육받고
# 이틀 후, 낙찰 받은
# B 씨의 사례

## ☑ 신청은 아내가, 교육은 남편이 받다

"선생님, 강의 신청 지금 해도 되나요?"

"네, 마침 한 분이 신청하셨다가 갑자기 일이 생겨 다음에 들으신답니다. 한 자리 비었습니다."

"네, 그럼 남편에게 내일 교육에 참석하라고 하겠습니다."

정규 교육 시작 전날 자신 대신 남편을 교육에 참여 시켜 달라는 전화가 걸려 왔다. 다음 날 50대 중·후반으로 보이는 남편분이 교육에 참석하셨다. B 씨는 건축업을 하고 있었다. 대지를 매입하여 다세대나 원룸을 짓고 매각하는 일이었다.

예전에는 비교적 대지 구하기가 쉬웠으나 지금은 가격도 비싸졌고 원하는 위치의 토지를 구하기가 어렵다고 했다. 경매로 마땅한 토지를 매입하려 마음먹었고, 얼마 전에 경매 컨설팅을 받았단다. 그런데 막상 컨설팅을 받아 보니, 망설여졌다고 했다.

---

### 🔍 알아두면 좋은 경매 상식 × 대지와 맹지란 무엇일까

토지는 위치와 모양에 따라 가격에 차이가 있지만 비슷한 위치에 있는 땅은 지목(토지의 쓰임새에 따라 분류한 이름)에 따라 가격의 차이가 있다. 건물을 바로 지을 수 있는 대지가 가장 비싸며, 건물을 지을 수 없는 맹지는 상대적으로 저렴하다.

· 대지 - 도로와 맞닿아 있는 토지
· 맹지 - 토지의 모든 면이 도로와 닿지 않은 토지

---

"상담료만 30만 원을 지불했습니다. 그런데 입찰하는데 따로 비용을 추가로 지불해야 하고, 또 명도까지 의뢰하면 추가 비용이 많이 발생하더군요. 중요한 건 제가 원하는 가격에 낙찰받을 수 있을지도 의문이었고요. 마침 아내가 선생님의 교육을 들으면, 조사하는 과정부터, 입찰, 명도에 이르는 과정까지 계속 상담해주고 조언해준다고 하여 교육을 신청하게 되었습니다."

## ☑ 준비한 물건으로 실전에 뛰어들다

나의 교육을 듣고 싶은 것도 있었지만, 계속 피드백을 해준다는 사실이 마음에 들어서 신청했다고 하였다. 그리고 이틀 후에 진행되는 물건 두 건의 사건 번호를 말하며 권리분석을 요청했다. 하나는 나대지(지상에 건축물 등이 없는 대지. 건축물 등 지상물地上物이 없는 택지로 도시계획법 등 공법상의 제약이나 행정규제도 받고 사법상의 제약도 받는 토지를 말함)였고, 다른 하나는 건축된 지 세월이 조금 지난 주택이었다. 나대지를 분석해 보니 건축하기에는 진입로가 좁았고, 토지 모양도 반듯하지 않아 활용도가 떨어져 보였다. 특히, '과연 신축하면 매각이 잘 되는 위치일까?' 하는 의구심이 들었다.

거기에 비에 주택은 약간 허름해 보였지만, 두 번 유찰되어 가격도 저렴해 보였고 약간 수리해서 매도하면 충분히 수익을 낼 수 있겠다는 결론에 도달했다.

교육은 일요일 하루 과정으로 진행됐다. 그리고 다음 날 아침, 현장 조사에 나갔다. 일주일 전에도 한 번 가봤다 했지만, 다시 방문할 것을 권유했다. 아직 시세 파악을 정확히 하지 못한 것으로 여겨졌기 때문이었다. 그리고 해당 주택을 다시 자세히 살펴보고 수리만 해서 매도할 것인지, 증축이나 수선을 할 것인지 결정하고 입찰을 고려하라고 조언했다.

## ☑ 입찰가를 결정해 달라고?

시세 조사를 마친 후, 약간 수리해서 매도하면 되겠다는 생각이 들었다며 입찰을 결정했다. 문제는 입찰가를 결정하는 것이었는데, 필자에게 입찰가를 묻는 것이 아닌가?

"선생님, 얼마를 입찰가로 적으면 될까요?"

"얼마를 생각하시는데요?"

"글쎄요. 싸게 사면 좋겠는데요."

"당연히 싸게 사면 좋겠지요. 그런데 다른 사람에게 뺏기면 다 소용없지요."

"얼마를 쓰면 낙찰될까요? 가르쳐 주세요."

이런 요구를 들을 때는 곤란해진다. 당연히 저렴하게 쓰면 좋겠지만, 낙찰받지 못하면 아쉬움과 원망스러운 마음이 들 테고, 수익이 나더라도 2등과 차이가 크게 나는 금액으로 낙찰받으면 분명 입찰가를 너무 높게 썼다는 후회가 들게 마련이다. 어느 정도의 적정 가격은 예상해 볼 수는 있지만, 꼭 예상대로 흘러가지 않을 때가 많다. 이런 상황에서는 어쩔 수 없이 가이드라인을 정해서 알려 준다.

"해당 토지의 정상적인 가격은 정확히 파악하셨죠?"

"네, 인근 비슷한 토지의 가격을 확인했습니다."

"그럼, 공사 기간과 매도 기간까지 얼마나 걸리는지 대략 예상은 되시죠?"

"네, 저는 수리에 1개월 매도까지 4, 5개월 잡으니까 낙찰부터 6개월 정도 예상합니다."

"그럼, 필요한 경비와 매도했을 때의 양도세와 목표 수익을 결정하시고 제가 가르쳐드린 대로 계산해서 입찰가를 결정하세요. 더 높은 금액으로 다른 사람이 낙찰받으면 어쩔 수 없고요. 중요한 건 낙찰이 목적이 아니라 원하는 수익을 올리는 것이 목적임을 잊으시면 안 됩니다."

"네, 잘 알겠습니다. 그렇게 하겠습니다."

## ☑ 너무나도 쉬운 명도 진행

다음 날 '낙찰 받았다'는 좋은 소식이 들려왔다. 하루 교육받고 단 이틀 만에 낙찰받은 것이었다. 축하의 인사를 건네고 바로 점유자를 만나볼 것을 권했다. 방문 당시 점유자를 만날 수 없다기에 연락처만 남기고 오라고 했다. 바로 저녁에 전화가 왔단다. 이사할 예정인지, 계속 거주하길 원하는지 물었더니 이사할 집을 구해놨단다.

이 주택의 임차인은 배당금을 전액 받을 수 있는 소액 임차인이었다. 이 점을 잘 이용해서 명도 협상하는 방법을 일러 줬다. B 씨는 가르쳐주는 대로 실행했고 점유자가 잔금 납부일 이틀 후 이사를 가서 너무나도 쉽게 명도를 완료할 수 있었다. 그리고 새집처럼 깨끗하게 수리해서 원했던 가격으로 매도를 완료했다. 수익이 제법 많이 난 것인지 총수익 금액을 물어도 그냥 '적당히 남았다'고만 했다.

이 물건은 내가 절세를 위해서는 공동명의로 투자하면 좋다는 조언을 해 줬는데, 같이 일하는 이들 3명의 명의로 공동 입찰했었다. 그러니 단기투자였어도 세금을 많이 줄일 수 있었다. 낙찰받은 가격으로 미루어 볼 때 꽤 괜찮은 수익이 난 것으로 예상된다. 그러면서도 40%가 넘는 양도세가 너무 많다는 하소연을 했다. 어차피 기일입찰표를 작성할 때, 매도할 때 납부할 세금을 예상하고 입찰한 것이므로 아까워하지 말라고 했다. 덧붙여 필자가 처음 경매하던 당시에는 단기 매도 시 양도소득세가 50%를 넘었다는 사실도 알려드렸다.

당시 나는 자본금이 적었기에 단기 투자를 할 수밖에 없었고, 지방소득세를 포함한 양도소득세 55%를 넘게 납부하고도 수익이 날 물건만을 찾아 낙찰받았고 이 방법으로 자본금을 늘려나갔다. 약 한 달 후 B 씨에게서 또 하나 낙찰받았다는 소식이 들려왔다.

**투자 내용 요약**

| 투입 자본 | 약 1천만 원 |
|---|---|
| 투자 기간 | 4개월 |
| 투자 수익 금액(투자수익률) | 800~900만 원 |
| 특징 | · 8시간 교육받고 이틀 후 첫 입찰에 낙찰<br>· 공동 투자로 양도세 절세 |

# 낙찰가보다 높게
# 전세를 주어 수익을 낸
# C 씨의 사례

## ☑ 1년에 3건을 낙찰받다

"저를 귀찮게 해야 성공할 수 있습니다."

이는 수강생들에게 교육하며 꼭 당부하는 말이다. 초보였던 내가 그랬듯이 경매 입문자들은 모든 것이 낯설고 힘들다. 교육받을 당시만 해도 경매로 성공하고픈 열정과 노력으로 배우고 쫓아다니지만 몇 개월간 성과가 나지 않으면 심신이 지치고 의욕도 떨어진다. 그러면서 '언젠가는 다시 시작하겠다'는 막연한 생각만 남긴 채 자연스럽게 경매를 하겠다는 생각을 접는다.

평택에 거주하는 C 씨. 말 그대로 나를 제일 귀찮게 했던 수강생이다.

물론 귀찮게 했다는 말은 나의 말을 제일 열심히 실천했다는 이야기다. 그래서 항상 칭찬과 응원을 아끼지 않았다. 권리분석부터 현장 조사의 사소한 내용까지 입찰할 때마다 자주 연락했다. 그러더니 두 번째인가, 세 번째 입찰 만에 첫 낙찰의 기쁨을 맛봤다. 그 이후로 입찰에 연속으로 성공해 1년에 세 건이나 낙찰받았다.

## ☑ 첫 낙찰 후 점유자를 만나지 못하다

첫 낙찰 받은 날, C 씨에게서 한 통의 문자가 왔다.

"선생님, 저 아파트 낙찰받았어요."

"와, 축하드립니다!"

현장 조사와 입찰을 한 번 해보니 이제는 혼자서도 그런 부분은 어느 정도 익숙해졌는데, 처음으로 낙찰받으니 그다음 취할 행동이 막연해 연락한 것이었다. 문자 후 바로 전화가 걸려왔다.

"이제 어떻게 하면 되죠?"

"우선, 낙찰의 기쁨을 만끽하시고요, 법정 나오면서 대출중개인이 주는 명함을 모두 받으세요. 아마 기분이 짜릿할걸요?"

"네, 알겠습니다. 그리고 오늘 낙찰받은 집에 찾아가면 되나요?"

"네, 가셔서 특별한 얘기를 하실 필요는 없고요. 전화번호 확보하는 정도를 목표로 하시고 이사를 할 예정인지, 계속 거주하고 싶은지 그것만 넌지시 물어보고 오세요."

결국 그는 경매 물건 아파트에는 세입자가 점유하고 있었는데, 만나지 못해 연락처만 남겨 놓고 왔다고 했다.

## ☑ 무조건 자기 일정에 맞추라는 점유자

며칠 후 통화가 되었는데, 이사할 생각이 있다고 했단다. 문제는 정확히 날짜도 정하지 않았고 약 2, 3개월 후에 나간다는 말만 했단다. 그래서 이사할 집은 구했냐는 질문에 배당을 받으면 그때 구하려 한단다.

'헉, 그때까지 무상으로 거주하겠다고?'

통화 내용을 들어보니 명도 협상에 별 의지를 보이지 않고 이사비를 많이 받으려는 목적이 있는 듯 보였다. 이 물건의 점유자는 임차인으로 임차보증금을 절반 정도 배당받을 수 있는 상황이었다.

그래서 배당받으려면 낙찰자의 인감증명이 필요한 점과 잔금 납부 시점부터는 무단 점유이니 배당금에 압류할 것이라는 사실을 내용증명으로 보내라고 했다. 물론 처음 작성하는 내용증명이므로 내게 검토받을 것을 권유했다.

C 씨는 내게 검토받고 수정한 내용증명을 발송했다. 며칠 후 내용증명을 받은 점유자가 이사비를 넉넉히 주면 잔금 납부일로부터 1개월 안으로 비워줄 수 있다는 연락이 왔단다.

## ☑ 잔금 납부 전에 세입자를 구하다

이 아파트는 전세 시세보다 더 저렴하게 낙찰받았고 위치가 좋아 C 씨는 전세를 놓기를 희망했다. 나는 '부동산에 아파트를 낙찰받았고 한 달 안으로 잔금 납부하고 소유권을 이전할 것이다. 전세로 놓을 텐데 입주를 희망하는 사람이 나타나면 연락 달라'고 말하라고 조언했고 그대로 중개업소에 얘기해 놓은 상태였다.

점유자로부터 잔금 납부일 1개월 안으로 나가겠다는 대답을 들은 며칠 후, 급하게 전세로 입주를 희망하는 사람이 있다고 중개업소에서 연락이 왔단다. '벌써 입주 희망자가 나타났다니 잘 됐다'는 생각과 함께 생각보다 빨리 점유자를 내보내야겠다는 생각이 들었다. 여러 방법이 있지만 가장 효과가 좋은 방법인 이사비를 이용하여 협상할 방법에 대해 C 씨와 의논했다.


"지급 가능한 이사비를 얼마까지 생각하시지요?"

"워낙 저렴하게 낙찰받아서 200만 원까지도 줄 생각이 있습니다."

"100만 원이든 200만 원이든 처음부터 줄 수 있는 한도를 먼저 말씀하시면 안 됩니다."

"그럼, 얼마를 얘기하면 될까요?"


필자 생각에는 100만 원만 줘도 충분히 원만하게 협상이 이루어질 것으로 보였다. 그래서 100만 원을 최대한도로 생각하고 협상을 시작하기로 했다. 우선 50만 원을 제시하고 C 씨의 요구사항을 하나씩 들어주는 조건으로 금액을 올려 주는 방법을 제시했다.

밀고 당기는 협상 끝에 잔금 납부 후 1주일 안에 이사하는 것으로 무난하게 마무리되었다. 더욱이 집을 보러오는 사람이 있으면 잘 협조해 주는 조건까지 추가했다. 이 모든 게 100만 원으로 해결됐다. 잔금 납부 후 점유자는 바로 집을 비워 주었고 1주일간 청소와 간단히 수리한 후 세입자를 들였다. 잔금 납부 전에 명도 협상도 마무리하고, 세입자도 구한 훌륭한 첫 낙찰이었다.

**투자 내용 요약**

| 투입 자본 | - 500만 원 |
|---|---|
| 투자 기간 | 3개월 |
| 투자 수익 금액(투자수익률) | 자본 없이 투자 수익을 냄 |
| 특징 | · 낙찰가 보다 높은 금액으로 전세 놓음<br>· 명도 전에 세입자 계약 완료 |

# 단돈 900만 원으로 낙찰에 성공하여 월세 받는 평범한 주부 D 씨의 사례

## ☑ 평범한 주부, 1천 만 원 들고 찾아오다

어느 날 한 주부가 나를 찾아 왔다. 아이들을 키우며 한 살 한 살 나이만 들어가는 자신의 모습이 한심해서 무엇이든 생산적인 일을 해야겠다는 생각이 들었다고 했다. 이왕이면 재산을 불릴 수 있는 부동산 투자를 하고 싶었다고 말했다.

현재 남편의 외벌이로 모아 놓은 돈이 그리 많지 않았는데, '1천만 원만 있어도 부동산 투자를 할 수 있다'는 내 저서 내용을 보고 경매를 배우고 싶어 찾아오게 되었단다. 자신 역시 나의 초보 시절처럼 현재 가용할 수 있는 자본이 딱 1천만 원 정도뿐이란다. 우선 정규 교육을 진행했다. 처음 접해 보는 법률적인 용어와 권리 분석을 어려워했지만, 열심히 따라 왔다. 정규 교육이 끝난 후에도 자주 문의를 했다.

"너무 자주 연락드려서 죄송해요."

"아닙니다. 제가 교육할 때 그랬죠? 저를 최대한 귀찮게 하셔야 성공하신다고."

"네, 감사합니다."

이렇게 자주 문의를 하던 중 공매물건 하나를 문의했다. 참고로 나는 수강생들에게 경매는 기본으로 익히고 공매를 꼭 하라고 권한다. 경매보다는 조금 더 어렵지만 안전한 물건에 도전하면 수익률이나 경쟁률에서 경매보다 매력적이기 때문이다. 물론 그렇기에 정규 교육 시간에 공매에 대해서도 가르친다.

## ☑ 한 동짜리 다세대 주택은 정확한 시세 조사가 관건이다

D 씨가 문의한 부동산은 약 5천만 원 전후 시세의 한 동짜리 다세대 주택(빌라)으로 단기 매도를 생각하면 최대 1천5백만 원 정도 필요하겠지만 월세로 놓으면 1천만 원 정도면 투자가 가능할 것으로 보였다. 권리분석도 쉬운 물건으로 안전하고 별문제 없는 사건이었다. 중요한 것은 한 동짜리 다세대 주택이라 시세 조사가 쉽지 않다는 사실이었다. 그러나 이런 나의 염려와 달리 제법 시세 조사를 잘했다.

인근 중개업소 3곳을 돌며 예상 가격을 산정했고, 과거 거래 사례와 현재 매매가, 전·월세 가격도 비교적 잘 조사했다. 세금 문제로 단기보다는 월세를 받는 장기 투자를 선택했고, 원하는 수익을 생각해 입찰가를 결정했다.

수요일에 인터넷으로 입찰했고 목요일 오전에 개찰 결과가 나왔다. 3명 입찰에 1등으로 낙찰. 첫 입찰에 낙찰받은 수강생이 또 생겼다. 그것도 2등과 30만 원 차이로 낙찰되었으니 기쁨이 배가 되었던 것으로 기억된다.

---

🏠🔍 **알아두면 좋은 경매 상식 ×** **공동 주택의 종류에 대해 정확히 살펴보자**

아파트 : 5층 이상
연립주택 : 4층 이하, 1개 동의 연면적이 660㎡ 초과
다세대 주택(빌라) : 4층 이하, 1개 동의 연면적이 660㎡ 이하

※연면적 = 건물의 전체면적. 한 개 층의 면적이 200㎡일 때, 4층 건물이라면 연면적은 800㎡이 된다.
※다가구 주택(원룸 등)은 건축법상 공동 주택이 아닌 단독주택으로 분류된다.

---

## ☑ 명도할 필요가 없다

이 주택에는 보증금 500만 원에 월 30만 원으로 임차해서 사는 점유자가 있었다. D 씨는 개찰 결과가 발표되고 나의 권유대로 바로 다음 날 점유자를 방문했다. 그리고 점유자의 연락처와 계속 거주하길 바라는지 이사할 것인지만 알아 오라는 말에 점유자를 만나 얘기를 나눴단다.

그러면서 뜻밖에도 명도할 필요가 없게 되었단다.

이 주택 임차인은 보증금이 소액이라 전액 배분(경매는 배당, 공매는 배분이라 함)을 받을 수 있었다. 그러니 보증금을 못 받을 걱정은 하지 않더란다. 더욱이 다니는 직장이 근처이기 때문에 따로 이사하고 싶지도 않다고 말했단다. 그래서 잔금을 납부하고 소유권 이전을 하면 바로 임대차계약서를 작성하고 계속 거주하기로 했단다.

어차피 월세로 놓길 원했던 D 씨에게는 최상의 시나리오였다. 명도할 필요도 없고, 더욱이 수리할 필요도 없으니 경비도 많이 절감되었다. D 씨는 이런 행운이 자신에게 찾아와서 너무 행복하다고 말했다.

## ☑ 900만 원으로 주부에서 월세 받는 집주인이 되다

점유자와 얘기를 나누고 1주일 후에 바로 잔금을 납부하고 보증금 500만 원에 월 30만 원으로 임차인과 계약했다. 실투자금 900만 원으로 이자를 제하고도 월 14만 원, 1년에 168만 원이나 남는 연 19% 수익률을 달성했다.

이처럼 경매 공부와 실행을 통해 집에서 살림만 하던 주부가 단돈 900만 원으로 월세 받는 집주인이 되었다. 시세 조사를 잘하고 철저히 원하는 수익률에 입찰가를 결정하고 낙찰받았기에 가능한 일이었다.

**투자 내용 요약**

| | |
|---|---|
| **투입 자본** | 약 900만 원 |
| **투자 기간** | 1년 이상 보유 후 매도 예상 |
| **투자 수익 금액(투자수익률)** | 연 168만 원 |
| **특징** | ·첫 부동산 투자<br>·명도를 안 하다<br>·월세 수익률 19% 달성 |

# 직장인이라 시간이 부족했기에 공매를 선택한 E 씨의 사례

## ☑ 시간 부족 직장인, 공매에 도전하다

직장인 E 씨는 작은 규모의 회사에 다녔다. 월급은 수년째 오르지 않고, 물가는 계속 오르는 것에 불안함을 느낀 나머지 무언가 해야겠다는 생각이 들었단다. 우연히 서점에서 필자의 저서에 시선이 갔고, 홀리듯이 구매해서 읽게 되었다고 했다. 그리고 책을 한 번 읽고 바로 교육을 신청했다.

평일에는 직장생활로 시간을 내기 어려웠던 그는 주말에 이루어지는 교육을 신청했고, 단기 교육을 받은 후 종종 연락했다. 경매에 관한 지식이라고는 내 책을 한 권 읽은 것과 교육을 받은 것이 전부였기에 궁금한 것이 많았고, 그때마다 미안해하며 문의했지만, 언제나 흔쾌히 답을 주었다. 그렇게 3개월이 지났을 즈음 연락이 왔다.

"제가 평일에는 시간 여유가 별로 없어서요. 선생님이 꼭 도전해 보라던 공매물건을 하나 봤는데요. 권리상 문제는 없는 것 같은데, 불안해서요. 한 번 확인해 주세요."

"네, 좋죠. 물건번호* 보내주세요. 확인해 보고 연락드리겠습니다."

※경매는 사건번호라 하고, 공매는 물건번호라 한다.


E 씨는 직장생활을 하며 평일에 시간을 내기가 쉽지 않아, 공매물건을 주로 검색했다. 공매는 주말에 현장 조사하고 주중에 인터넷이나 스마트폰으로 입찰하면 되니, 그에게는 딱 맞는 투자법이었다.


### 알아두면 좋은 경매 상식 × 공매는 어떤 물건이 나오는가

· 경매 - 법원에서 진행하는 부동산 매각 절차
· 공매 - 캠코나 은행, 회사 등에서 공개적으로 매각하는 절차

※경매인들이 흔히 말하는 공매는 캠코에서 진행하는 것으로 물건의 대부분이 세금체납에 의한 압류 재산이다. 권리분석이 경매보다 조금 어렵고, 인도명령제도가 없지만 그만큼 경쟁률이 낮고 낙찰가격도 경매보다 더 저렴한 특징이 있다.

## ☑ 알고 있는 내용도 괜히 불안하다

E 씨가 문의한 공매물건을 살펴보니, 입지가 썩 좋지는 않지만 저렴한 가격으로 낙찰받아 주변 시세보다 싸게 매물로 놓으면 충분히 매도할 수 있을 것으로 보였다. 그리고 소유자가 거주하고 있고, 권리 상 특별한 위험이 없기에 안전하다고 설명했다. 내가 충분히 입찰할 만한 매력적인 물건이라 해도 불안한 마음이 들었나 보다.

"그런데, 낙찰받아도 정말 명도를 잘 마무리 지을 수 있을까요?"

"왜요. 명도하는 게 두려운가요?"

"예, 무작정 안 나간다고 버티면 어떻게 하죠? 또 이사비를 많이 달라고 하면 원하는 금액을 모두 주어야 하나요?"

"그렇지 않아요. 제가 교육 시간에 말씀드렸듯 경매나 공매 모두 명도를 너무 어렵게 생각하실 필요 없어요. 전 10년 넘게 경매 투자하면서 아직 강제집행을 한 번도 해본 적 없이 모두 원만히 해결되었어요. 낙찰받게 되면 계속 조언해 드릴 테니 걱정하지 마세요. 일단 낙찰받는 게 먼저입니다."

나의 대답에 힘을 얻었는지, 현장 조사를 가보겠다고 말했고 이틀 후 다시 연락이 왔다. 시세 조사와 미납관리비 등 조사를 잘 마쳤고, 잠깐 상의 후 입찰을 결정했다. 목요일 아침 입찰 결과를 보니 4명이 입찰했고 1등으로 낙찰받았다. 좋은 결과였다.

## ☑ 합의서 한 장으로 명도를 마무리하다

주말에 해당 아파트에 갔으나, 점유자를 만날 수 없어 연락처만 남겨 놓고 왔는데 바로 다음 날 연락이 왔다. 거주자는 이사할 곳을 알아보고 있는 중이긴 하지만 아이 때문에 학기 중에 전학 가기가 애매해, 한 달만 무상으로 거주할 수 있게 부탁했더란다. 이런 상황은 대부분은 자녀들에게 상처 주는 것이 싫어 조용하게 원만히 해결되길 바란다. 그러니 명도도 수월하게 이루어지기 쉽다.

물론 그렇다고 구두 약속만 받고 무작정 기다려서는 안 된다. 차후 점유자가 변심한다든지 어떤 변수가 생길지 모르므로 안전장치를 마련하는 게 좋다. 그 안전장치는 바로 〈합의 및 이행각서〉이다.

이 합의서를 작성해 놓으면 점유자는 차후 변심하려는 순간 망설이게 된다. 약속대로 이행하지 않으면 받을 불이익을 합의서에 명시했기 때문에 변심할 일이 없다. 〈합의 및 이행각서〉를 작성하고 지키지 않은 경우는 아직 한 번도 없었다.

〈합의 및 이행각서〉 작성 후 잔금은 최대한 늦춰서 납부했고, 잔금을 납부하고 약 1개월 후 점유자가 이사하기로 약속한 날, E 씨가 시간을 낼 수 없다며 어떻게 하면 좋겠냐고 연락을 해왔다. 굳이 직접 나갈 필요 없으니 친구나 가족을 대신 보내라 했다. 나중에 물어보니 친구를 보내 열쇠를 넘겨받고 잘 마무리되었다.

E 씨는 점유자의 얼굴을 합의서 작성 때 짧은 시간 한 번밖에 만나보지 않고도 수월하게 명도가 마무리되었다. 그리고 바닥이 비교적 깨끗

해 청소와 간단히 수리한 후 도배만 해서 5개월 만에 매도했다. 직장인 E 씨는 공매로 직장생활과 부동산 투자 두 가지를 함께 할 수 있게 되었다.

**투자 내용 요약**

| 투입 자본 | 약 3천만 원 |
|---|---|
| 투자 기간 | 5개월 |
| 투자 수익 금액(투자수익률) | 900만 원 |
| 특징 | · 직장인이라 시간적인 여유가 없어 공매를 선택함<br>· 1개월 무상으로 거주하는 대신 이사비는 지불하지 않음 |

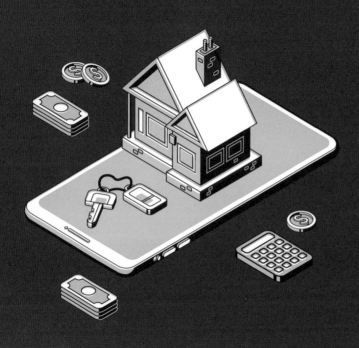

# 1

돈도 배경 없이도
경매로 성공할 수 있는
진짜 이유

# Part 1

## 경매 초보 시절
## 경매를 망설였던 근거 없는
## 여섯 가지 이유

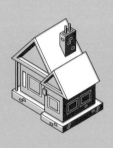

# 자본:
## 경매는 반드시 많은 자본이 있어야 가능하다?

처음으로 사업을 하던 때는 새벽 두 시에 출근하여 오후 1~2시쯤 퇴근하곤 했다. 아르바이트하며 대학 생활을 하던 중, 장사하시는 아버지의 건강이 나빠지셔서 도와드리기 위해 아르바이트 대신 나가던 시장이 어느새 직장이 되었다. 굳이 직장을 구하려는 생각도 없었다. 그 시절 비록 손톱에 때가 새카맣게 끼어 다른 사람들 앞에서는 손을 감추고 싶었을지언정, 장사로 학비를 충당하고 용돈도 충분히 쓸 수 있을 만큼 벌이가 괜찮았기 때문이었다.

하지만 그 후 약 10년의 세월이 흐른 뒤 새로운 직업을 찾아야만 했다. 대형마트의 등장과 김치의 공장생산은 일반 매출의 하락을 가져왔고, 점점 늘어나는 외상으로 수입이 하루가 다르게 줄어갔기 때문이다. 심지어 매출액 중 현금으로 받은 금액보다 외상이 더 많아지기 시작하더니 장부상으로는 많은 수익이 났으나, 실제로는 빚에 허덕이는 상황에 놓이게 되었다. 이 시기에 많은 상인이 빚만 떠안고 장사를 그만두었다. 나도 그들 중 하나였다.

그렇게 사업을 접고 무엇을 할지 고민하던 중이었다. 당시 평소 생각해오던 '운동화 빨래방'이라는 프랜차이즈업이 유행함을 알게 되었고, 종합적인 사업성은 판단하지 못한 채 장밋빛 희망으로 무작정 뛰어들었다. 그런데 결국 6개월 만에 접을 수밖에 없었다.

인건비를 줄이기 위해 수거, 세탁, 배달까지 혼자서 감당해야 했다. 이는 육체적인 노동이므로 어느 정도 감내할 수 있었다. 그런데, 가끔 터지는 사고 때문에 일할 의욕이 떨어졌다. 당시 운동화 세탁비로 받은 요금은 평균 2,000원이었다. 운동화 한 켤레를 수거해서, 일일이 손으로 세탁하고 배달까지 무사히 마무리되어야 이 돈을 받을 수 있는데 종종 사고가 생겼다. 세탁 중에 손상되기도 하고 건조 중에 탈색이나 변색된 운동화 때문에 20만 원이 넘는 배상금을 물어주기도 했다.

말이 20만 원이지 운동화 100켤레를 세탁해야 하는 일이며 며칠을 일해야 하는 작업량이었다. 또한, 시간이 흐를수록 일의 양이 조금씩 늘었지만 그만큼 원가도 상승하고 늘어나는 작업량에 정신적으로 신체적으로 지쳐갔다. 도저히 버틸 수가 없었고, 그렇게 두 번째 사업을 접어야만 했다.

결국 두 번의 사업 실패로 가진 돈은 바닥이 났고, 어쩔 수 없이 직장 생활을 해야 했다. 특별한 경력이 없었기에 할 수 있는 일이 판매밖에 없었기에 규모가 작은 회사에 영업직으로 입사했다.

처음 한두 달은 분위기가 좋았으나 회사 일에 익숙해질 즈음에 퇴근하는 시간이 늦어지기 시작했다. 평균 밤 10시에 퇴근하는 시간이 잦아졌고, 월말에는 자정을 넘길 때가 잦았다. 그렇게 근근이 버티고 있던 차에 회사에서 거래처 미수금을 개인 돈으로 잠시 채울 것을 요구했고, 3개월 후 돌려주겠다던 돈은 퇴사를 마음먹고 사표를 쓴지 6개월 만에 어렵사리 받을 수 있었다.

그렇게 우여곡절 끝에 두 번째 직장을 구해야만 했다. 그곳에 다니면서 경매 공부를 하기 시작했다. 그런데 입사 초기와 달리 사장의 종교 강요와 폭언으로 오래 다니지 못할 것이라는 생각도 들었다. 게다가 월급만으로 생활하기에는 턱없이 부족했고 미래가 암울하다 느꼈기에 무언가 해야만 했다.

그래서 공인중개사 공부를 시작했고 부동산 투자에 관심을 두게 되었다. 그 시기에 부동산 투자 관련한 카페 몇 곳에서 활동했는데, 직장생활 3년간 적금으로 모은 1천만 원으로 부동산 투자를 한다는 것이 쉽지 않다는 것을 알게 되었다. 또다시 절망감으로 우울한 날을 보내던 중 한 멘토를 만나 경매에 입문할 결심을 하게 되었다.

"1천만 원으로 무슨 부동산 투자냐"라며 며 대부분의 사람이 나의 희망마저 꺾는 말을 했던 것과 달리, 멘토인 그분은 "100만 원만 있어도 부동산 투자를 할 수 있지. 경매를 통하면 충분히 성공할 수 있어. 단지 수익을 낼만 한 물건을 못 알아보기 때문이지"라고 말씀하셨기 때문이었다.

이 말에 힘입어 이때부터 열심히 경매에 도전했다. 실제 나의 첫 낙찰에 들어간 돈은 800만 원이었으며, 100~300만 원 정도의 토지를 경매로 낙찰받아서 수백 % 이상의 수익도 여러 차례 냈다.

주변에서 100만 원에 토지를 샀다는 얘기를 들은 적 있는가? 경매물건에는 늘 이런 경우가 있다. 단지 수익이 날 물건인지 판단만 잘하면 된다. 돈이 없어 경매를 못 하는 것이 아니다. 수익이 나는 물건을 찾지 못하는 것이다. 물론, '다다익선'이라고 투자할 수 있는 돈이 많을수록 선택의 폭이 넓어지는 것은 사실이다. 감정평가액이 고액일수록 경쟁자는 줄어들기 때문에 경쟁률이 적은 물건에 투자하기도 쉽다. 그리고 고가의 부동산일수록 수익률이 얼마 되지 않을지라도 이익은 크다.

즉, 1억짜리 부동산과 10억짜리 부동산에 투자해서 똑같이 10%의 수익률을 올린다면 1억을 투자했을 때는 1천만 원의 수익이 발생하지만, 10억짜리 부동산에 투자했을 때는 1억이라는 훨씬 큰 수익이 생기게 된다. 그러니 투자할 수 있는 자본금이 많을수록 유리한 것이 사실이다.

하지만, 돈이 없어서 경매를 할 수 없는 것은 아니다. 심지어 입찰 보증금도 보험으로 준비할 수도 있으니 경매에 입문하는 데 있어서 가진 돈이 투자가 가능한지의 판단 기준이 될 수는 없다. 가진 돈이 적어도 경매이기에 투자할 물건은 얼마든지 있다. 내가 가진 돈이 없었기에 경매를 시작하게 된 것처럼 말이다.

# 시간:
# 일상이 너무 바빠 투자할 시간적 여유가 없다?

    평소 자영업자나 전업주부는 어느 정도 자신의 시간을 활용할 수 있다. 공부하는 시간도 입찰하는 시간도 어느 정도 시간 활용이 가능하지만, 직장인은 본인이 원하는 데로 시간을 활용하기 어렵다. 특히 회사 규모가 작은 업체일수록 더 힘들다. 앞서말했듯 필자도 예전에 다녔던 직장이 사장 포함 5인 미만의 소규모 회사로 개인적으로 시간을 활용하기가 정말 어려웠다. 한 직장은 아침 일찍 출근해서 평균 10시에 퇴근했고 심지어 월말이 되면 자정에 퇴근하는 때도 많았다.

    이렇다 보니 공부는 고사하고 사생활까지 침해받게 되었다. 주 52시간 근무제로 여건이 많이 좋아졌다고는 하지만 그래도 많은 이들이 예전의 나처럼 시간이 부족함을 느끼며 살고 있으리라 생각된다. 시간이 많이 부족했음에도 경매하고 싶었기에 나름의 방법을 찾게 되었다. 일찍 퇴근하는 날에는 인터넷을 이용해 공부했고 경매 관련 책은 모두 사서 읽었다. 당시 내 손에는 언제나 경매 관련 책이 들려 있었다. 지금은 버스나 지하철을 보면 모두가 스마트폰을 들여다보고 있지만, 처음 경매 공부하던 그때는 스마트폰도 없던 시절이라 버스나 지하철에서 독서하는 이들이 제법 많았다.

그렇게 많은 책을 읽고 인터넷으로 공부해서 권리분석은 어느 정도 감이 잡혔지만, 현장 조사, 입찰, 낙찰 후 명도에 이르는 과정은 책으로써의 한계를 느끼게 되었다. 책에서는 공개하지 못하는 그들만의 노하우가 궁금했다. 그래서 많은 수강료를 써가며 주말이면 대전에서 서울로 강의를 들으러 다녔다. 저자, 강사, 경매 전문변호사의 강의를 들으며 그들의 지식과 노하우를 전수받고 비로소 경매에 도전하고 싶은 마음이 생겼지만, 결국 문제는 입찰이었다.

경매 입찰은 평일에 진행된다. 자영업자나 주부, 또 원하는 날짜에 휴가를 쓸 수 있는 일부 직장인들 이외에는 평일에 시간을 내기가 쉽지 않다. 각 사건은 정해진 날, 정해진 시간에 진행되는데 입찰하러 가는 시간부터 개찰 후 결과 발표까지 거의 하루가 소요된다. 그러니 휴가를 원하는 날에 사용하지 못하는 사람에게는 정말 어려운 투자다.

당시 아주 소규모의 회사에 다니느라 마음대로 휴가를 쓸 수 없었다. 그래서 투자 초창기에는 시간을 낼 수 있는 가족이나 친구에게 부탁했다. 현장 조사는 주말에 했고, 입찰표는 입찰 전에 미리 집에서 작성해서 대리입찰을 부탁했다. 나중에 조금 더 시간상으로 여유가 있는 회사로 이직하게 되자 휴일을 원하는 날짜에 쓸 수 있게 되어 입찰을 조금은 여유 있게 진행할 수 있었다.

만일 주변에 대리입찰을 부탁할 사람이 없다면 공매를 이용하면 된다. 공매는 공개매각의 줄임말로 보통 한국자산관리공사에서 진행하는 물건을 말한다. 공매는 인터넷 사이트 '온비드(http://www.onbid.co.kr)'에서 진행하는데, 진행되는 물건의 대부분이 세금체납에 의한 강제매각 절차이다. 온비드 매각 절차는 경매와 달리 오롯이 온라인으로 진행된다. 입찰은 PC, 스마트폰 모두 가능하며 월요일부터 수요일 오후 5시까지 입찰할 수 있다. 그러니 현장 조사는 주말에 하고, 입찰은 인터넷으로 하니 평일에 따로 시간을 낼 필요가 없다. 입찰보증금도 공매는 폰뱅킹이나 인터넷뱅킹을 사용하면 되니 은행을 방문할 일도 없다.

물론 공매의 매각물건이 경매보다 적고, 인도명령 제도가 없으며 권리분석이 조금 더 어려운 점은 있다. 하지만, 매각물건이 경매보다 적은 것을 제외하면 명도와 권리분석은 아주 어렵지 않다. 많은 사람이 공매의 명도와 권리분석에 어려움을 느껴 아예 도전조차 하지 않는다. 이를 반대로 생각하면 명도와 권리분석만 자신 있다면 경쟁률이 낮고 낙찰가도 경매보다 저렴한 훌륭한 투자수단이 된다. 실제 수강생 중 직장인이었던 E 씨는 첫 낙찰 물건이 공매였다. 시간이 없다고 마냥 포기할 것이 아니라 지인을 이용하든 공매를 통하든 찾으면 길이 보일 것이다.

# 죄책감:
# 다른 사람의 슬픈 사연을
# 나의 이익으로 한다?

경매를 부정적인 시선으로 바라보는 사람 중 몇몇은 '망한 사람의 집을 뺏는 것 같다'는 느낌이 들어서 꺼려진다고 한다. 사건 부동산의 채무자는 빚을 갚지 못해 반강제적으로 처분되는 입장이니 안타까운 일임에는 분명하다. 일이 잘 풀려 제때 돈을 잘 갚았다면 그런 일을 당하지 않았을 텐데, 정말 가슴 아픈 일이다. 이렇듯 경매로 진행되는 부동산은 소유자의 아픔이 서려 있지만, 그 이면을 한 번 들여다보자.

경매에 처한 부동산의 소유자는 누군가에게 돈을 빌렸다. 그게 은행이든 일반인이든 누군가에게 빌린 돈을 갚지 않았거나, 지불하기로 약속된 돈을 제때 전하지 않았기 때문에 경매로 처분되는 것이다. 즉, 부동산의 소유자는 본인의 재산이 없어지는 것이지만, 돈을 받아야 하는 채권자의 입장에서는 최소한으로 피해를 줄이기 위해 선택하는 어쩔 수 없는 수단이다. 경매로 채권자의 돈을 회수할 수 없다면 채권자의 피해는 커지게 되며, 은행은 이런 부실채권이 많아지면 부도의 위기까지 올 수 있다. 더 나아가 국가적으로도 부실채권이 많아지면 경제적 불안 요인으로 작용할 수 있다. 그런 연유인지 경매로 진행되는 부동산은 담보대출이나 토지거래 허가구역에 관한 사항 등, 일반 매매보다 유리한 점이 많다.

또한, 임차인이 전액 배당받지 못하고 일부만 배당받을 수 있는 경우 낙찰자는 명도 과정에서 임차인에게 미안해할 일이 아니라 원래는 임차인이 고마워해야 할 존재다.

임차인이 자신의 보증금을 100% 지키기 위해서 1순위로 권리를 설정하면 경매로 진행된다 해도 보증금을 전액 보장받으므로 낙찰자나 임차인에게 아무런 문제가 되지 않는다. 그렇지만 현실에서는 대부분의 임차인이 '설마 내가 임차해서 거주하는 집이 경매에 처할까'라는 생각으로 계약을 하거나, 임차인으로서 보증금을 지키기 위한 방법이나 권리를 모르고 계약하는 사람이 많다.

이런 임차인들이 경매에 처하게 되면 그때야 비로소 보증금을 받을 수 있는지 없는지, 배당받을 수 있다면 얼마나 받을 수 있는지 주변에 알아보거나 인터넷이나 책으로 공부한다. 이때 보증금을 전액 배당받을 수 있다면 안도가 되겠지만 만약 보증금 전부, 또는 일부를 못 받게 된다면 절망감과 함께 한숨만 나오게 된다.

자, 그럼 생각해 보자. 이런 임차인은 단돈 일만 원이라도 배당을 많이 받으려면 어떻게 해야 할까? 정답은 해당 부동산이 높은 가격으로 낙찰되어야 한다. 그래야만 임차인에게 한 푼이라도 더 배당된다. 이 말은 낙찰자는 최고 높은 금액으로 입찰한 사람인데, 본인이 입찰하지 않았다면 더 낮은 가격에 낙찰되거나 유찰되어 배당금은 적어지게 된다는 이야기다. 그러므로 최고가로 입찰해 낙찰받은 낙찰자는 임차인이 조금이라도 더 배당받을 수 있게 도움을 준 사람이다. 그리고 더 나아가 채무자(부동산 소유자)의 빚을 조금이라도 더 갚도록 도움을 주었단 사실이다. 그러니 낙찰자가 소유자나 임차인에게 죄의식을 가질 필요가 없다.

물론 부동산 투자해서 수익을 내거나 실제 거주할 주택을 조금이라도 저렴하게 사려는 목적으로 입찰하는 것이 맞다. 그렇지만 결국 낙찰자와 서로에게 조금이나마 도움이 되는 사이라는 사실은 변함이 없다. 경매 부동산의 소유자나 임차인에게는 안타까운 일이지만 낙찰자는 결코 피해를 주는 사람이 아니니 주눅들 필요가 없다. 그리고 여기서 더 나아가 정당하게 돈을 내고 소유권을 넘겨받았다고 소위 말하는 갑질을 해서도 안 된다(간혹 무시하거나 함부로 대하는 낙찰자들이 있다). 좋은 일로 만나는 사이는 아니지만, 서로에게 조금이나마 도움이 되는 사이라는 마음가짐으로 임한다면 경매에 대한 부담도 줄어들뿐만 아니라 명도도 원만하게 해결될 수 있음을 잊지 말기 바란다.

# 경기:
# 경매로 돈 버는 시대는
# 끝났다?

"예전 경매시장이 좋았지."

"지금은 너도나도 경매하니까 돈이 안 돼."

"낙찰가만 높아지고 경매로 돈 버는 시대는 끝났어."

"일반 물건으로는 어림도 없어. 그나마 특수물건을 해야 조금이나마 수익을 낼 수 있지."

이는 십여 년 전 필자가 경매에 처음 입문할 때도 많이 들었던 소리였다. 당시 경매 법정에 가면 항상 사람들로 가득했다. 가끔은 사람이 너무 많아 법정 안에 들어가지도 못하고 입구에서 모니터로 지켜보기도 했다.

처음 몇 번은 원하는 수익을 계산하고 그 금액에 맞춰 입찰하면 항상 낙찰에 실패했다. 당시 '재테크로 경매하는 것은 정말 끝났나'라는 생각도 들었다. 포기하려고도 했지만, 당시 내가 할 수 있는 것은 경매밖에 없다는 생각이 들었기에 계속 도전했다.

그 결과 어느 순간 첫 낙찰의 기쁨을 맛보았고 그로부터 1년간 총 4번의 낙찰에 성공했고 3건을 매도했다. 당시 나의 자본금은 1천만 원 밖에 되지 않았기에 단기투자를 할 수밖에 없었는데, 단기투자로 많은 세금을 납부했어도 제법 괜찮은 수익을 냈다.

예전에도 그랬듯이 경매를 시작하는 사람이 100명이라면 이 중 70명은 1년을 넘기지 못하고 떠나며, 3년을 넘게 남아있는 사람은 10명이 채 되지 않는다고 한다. 이 10명만이 꾸준히 수익을 내고 있다는 말이 된다. 많은 사람이 경매에 도전하지만 결국 소수의 사람만이 경매로 성공하고 지속해서 투자하는 것이 현실이다. 이는 경매 시장만의 특성이 아니라 생각한다. 어느 업종의 일을 시작하든 현상 유지도 어려운 사람이 태반이며 소수의 사람만이 성공한다. 모든 사람이 성공할 수 있는 시장은 없다는 말이다. 아니, 절반이라도 살아남을 수 있는 시장은 없다는 사실이다.

통계청에서 발표한 자료를 보면 약 91만 사업자 중 약 25%인 23만 명이 1년도 채우지 못하고 폐업한다. 3년도 채 못 채우고 60%에 가까운 약 53만 명의 사업자가 사업을 접는다.

다음 페이지의 표를 통해 알 수 있듯이 이렇게 어느 업종이든 오래 버

| 사업 존속 연수 | 폐업자 수 (명) | 비율 |
|---|---|---|
| 1년 미만 | 232,773 | 26% |
| 1년 이상~3년 미만 | 291,261 | 32% |
| 3년 이상~10년 미만 | 276,726 | 30% |
| 10년 이상 | 108,442 | 12% |
| **합계** | 909,202 | 100% |

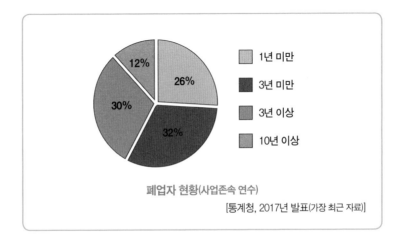

폐업자 현황(사업존속 연수)

[통계청, 2017년 발표(가장 최근 자료)]

티기가 쉽지 않다. 경매도 마찬가지다. 꾸준히 노력하고 찾아야 한다. 그러다 보면 결국 성공이라는 달콤한 열매를 맛볼 수 있을 것이다.

경매는 본업을 하면서도 할 수 있다는 장점이 있다. 또한, 사업이나 주식처럼 한순간에 엄청난 손해를 보지 않는다. 부동산 경기에 따라 잠시 시세가 내려갈 수도 있지만 회복하지 못할 정도로 폭락하는 일은 거의 없다. 시간이 흐르고 나면 결국 이전 가격을 회복하게 된다.

앞서 사례에서 보았듯이 내게 교육을 받은 한 수강생은 첫 입찰에 낙찰에 성공했고, 3개월 만에 매도하여 제법 괜찮은 수익도 냈다. 1천만 원 투자해서 월세를 받는 수강생은 연 20%의 수익을 올리고 있다. 한 수강생은 1년에 3건이나 낙찰받았다. 그중 두 건은 단기로 매도하고 한 건은 월세를 받고 있다.

이외에도 특수물건이 아닌 일반 물건만으로 수익을 내는 사람이 많이 있다. 앞의 사례처럼 몇 번의 입찰 만에 낙찰받고 수익을 실현할 수도 있지만 오랜 시간 동안 낙찰을 못 받을 수도 있다. 개인마다 정도의 차이가 있겠지만 어느 일정 시점이 되면 물건을 바라보는 안목이 생기고, 돈이 되는 물건을 찾을 수 있는 능력이 생기게 된다. 계속 도전하다 보면 길이 보이게 될 것이다. 지금 이 순간에도 누군가는 좋은 물건을 저렴하게 낙찰받아 훌륭한 수익을 내고 있다는 사실을 명심하자.

# 법률:
## 법률적인 권리분석이 너무 어렵다?

 

경매는 법적인 절차에 따라 진행된다. 돈을 빌린 채무자가 이를 갚지 못하자 채권자가 법원에 신청하여 강제적으로 매각하는 절차이다. 사람들은 법의 테두리 안에서 살고 있지만, 금연 구역에서 담배를 피우는 행위, 안전벨트 미착용, 무단 횡단 등 생활에 밀접한 극소수의 법을 제외하곤 잘 모른다. 그러다 경매를 하려 하면 생소한 법률 용어와 절차, 부동산 용어에 시작부터 숨이 막힌다.

주택을 사고팔거나 임대차계약을 할 때도 중개업소의 말만 전적으로 믿는다. 등기부 등본조차 볼 줄 모르는 사람도 많다. 그래서 사고가 종종 난다. 집주인이 세입자를 속이거나 가끔은 중개업소에서 세입자를 상대로 사기를 쳐 수십억 원의 손해를 끼치는 일도 발생한다. 참 안타까운 일이다. 본인이 등기부 등본을 볼 줄 알고 안전하게 거래하는 방법 정도는 알고 있어야 하는데 이런 부분에서는 너무 무관심하다. 물건 살 때 몇천 원, 몇만 원 더 싸게 사기 위해 시간과 노력을 들이면서 최소 1천만 원에서 몇억이나 들여 부동산 거래를 하는 데 전적으로 남의 말만 믿고 거래를 하니 너무나도 어이없다 할 수 있다.

그렇다면 경매를 하려면 어느 정도의 법률 지식이 필요한 걸까? 많은 사람이 경매로 큰 수익을 내려면 유치권, 법정지상권, 선순위가등기 등 특수물건을 해야 한단다. 정말 그런 것일까?

나는 경매에 입문하기 위해 꽤 많은 공부를 했다. 입문 당시 3년간 읽은 부동산 관련 책이 100권이 넘었다. 신간이 출간되면 전부 구매해서 읽었다. 그리고 경매에 도움이 될까 하여 공인중개사 공부를 했고 어렵게 자격증을 취득했다. 경매 강사들에게 수많은 교육을 받았으며 심지어는 경매 전문 변호사에게도 수강했다. 공부하는 과정에서 당연히 법률 지식과 용어들에 대해 이해하게 되었고, 법에 대해 꽤 깊이 있게 알게 되었다. 그렇게 많은 공부를 하고 경매에 입문했지만, 정작 나는 수강생들에게 절대로 공부를 많이 하라고 하지 않는다. 경매에 입문하기 위한 공부는 8시간이면 충분하다. 8시간이면 안전한 물건을 선택할 수 있는 기본 지식을 익힐 수 있다. 이후로는 공부보다는 실전 경험을 쌓는 것이 더 좋다. 실제 입찰하고 낙찰받아 수익을 실현하는 경험이 더 많은 공부가 된다. 이렇게 쉬운 물건으로 수익을 내고 자신감이 생기면 그때 폭

넓고 깊은 공부를 해서 더 어렵고 복잡한 물건에 도전하면 된다.

경매에 입문하기 위해서는 결코 많은 지식이 필요하지 않다. 경매에 입문할 때는 쉽고 안전한 물건 위주로 도전하여 수익을 내고, 꾸준히 공부해서 더 난이도가 높거나 수익률이 높은 물건에 도전하라는 말이다.

그렇다면 과연 쉽고 안전한 물건으로 수익을 낼 수 있을지 의문이 들 것이다. 내가 10여 년 전 처음 입문하던 당시에도 특수물건을 해야만 돈이 된다는 말이 많았다. 그런 이유로 어려운 공부를 많이 했는데, 시간이 흘러 나만의 투자방식과 경매시장을 보니 그럴 필요가 없다는 생각이 들었다.

특수물건은 일반물건보다 경쟁률도 낮고 큰 수익을 낼 수 있는 가능성도 높지만, 그만큼 위험성이 많다는 사실을 알아야 한다. 필자가 멘토로 따라다니며 배웠던 분도 특수물건을 했고, 나도 특수물건을 많이 했지만 웬만하면 큰 수익을 내기 위한 위험성이 많은 물건은 피한다. 특수물건은 대체로 협상에 의해 수익의 크기가 결정되는데 협상이 원만히 이루어지지 않으면 소송으로 해결해야 하는 위험이 있다.

특히 내가 낙찰받았던 선순위가등기 물건은 소송을 통하지 않고는 해결이 불가능했다. 대법원 판결까지 3년과 추가 소송으로 1년을 보내고 경비 또한 많이 들었다. 이 일을 계기로 특수물건을 만만히 보면 큰 코다칠 수도 있다는 사실을 깨우쳤다(가등기 사건의 자세한 내용은 책의 중반부에 다루겠다).

쉽고 안전한 경매가 있는데 굳이 어렵고 힘든 싸움을 해야 하는 경매는 하지 말자. 경매의 권리분석은 세 가지만 정확하게 알고 있으면 쉽게 끝낼 수 있다. 앞으로 다루겠지만 세 가지만 확인할 줄 알면 정말 쉽고 안전한 물건만 골라서 입찰할 수 있다.

프롤로그의 사례들도 실제 나의 교육을 받고 쉬운 물건들만 입찰하여 좋은 성과를 냈던 결과물이다. 이 책에 소개된 사례 이외에도 많은 수강생이 쉬운 물건만으로 많은 수익을 냈다. 경험이 쌓이고 공부가 더해지면 특수물건 같은 난이도 있는 물건에 도전하면 된다.

# 명도:
# 사람을 내보내야 하는
# 명도가 두렵다?

경매 초보들을 만나 얘기를 들어보면 경매에 입문하기 어려운 이유 중 가장 큰 비중을 차지하는 건 역시 '권리분석과 명도' 때문이다. 특히나 권리분석은 책이나 강의로 배우고 공부하면 된다지만 사람과 직접 대면하여 내보내는 일은 부담이 많이 가기 때문에 겁을 먹는 것 같다. 이와 반대로 어떤 사람들은 명도를 너무 쉽게 생각하기도 한다. 점유자가 명도에 응하지 않으면 무조건 강제집행으로 쉽게 마무리할 수 있다고 생각한다. 그런데 과연 이 생각이 맞는 것일까?

정답은 '아니다'이다. 강제집행은 명도 방법의 최후 단계이며, 최악의 결과다. 강제집행을 한다는 이야기는 점유자와 협상이 원만히 이루어지지 않았다는 이야기다. 그래서 법원에 강제로 집을 비우도록 요청하는 것인데 강제집행만 하면 끝이 아니라 이후의 문제도 발생한다. 이 과정에서 몸싸움이 일어나기도 하며 어떤 점유자는 싱크대를 부수거나 창문을 깨는 등 집안을 파손시키기도 한다. 이는 직접 비용을 들여 수리해야 하는 낙찰자의 손해로 고스란히 돌아오게 된다. 심지어 집행원에게 위협을 가하며 끝내 명도를 거부하면 집행원이 포기하고 강제집행을 못하게 될 수도 있다. 극히 드문 일이지만 본인에게 이런 일이 일어나지 않으리라 100% 장담할 수 있겠는가? 이렇게 강제집행은 절대로 명도를 해결하는 최선의 방법이 될 수 없다. 강제집행은 최후, 최악의 수단이라는 사실을 명심해야 한다.

그럼 역시 명도는 어려워서 경매를 포기해야 하는가? 그렇지 않다. 명도는 한 가지 사실만 기억하면 원만히 마무리 지을 수 있다. 실제 나도 10년이 넘는 투자 기간 동안 단 한 차례도 강제집행을 한 적이 없다. 이는 가장 뿌듯하게 생각하는 부분이다. 강제집행 이전에 항상 명도가 원만히 마무리되었으며, 대부분 잔금 납부와 동시에 명도가 완료되었다. 잔금 납부 전에 매물로 내놓고 매도 계약을 체결한 적도 몇 번이나 있었다.

필자에게 교육받은 많은 수강생 중 아직 단 한 번도 명도하지 못해 강제집행을 진행한 일은 없다. 모두 인도명령조차 신청하지 않고 명도가 무난히 마무리되었다.

그렇다면 어떤 방법으로 명도해야 할까? 명도 협상에는 여러 가지 기술이 있지만, 가장 중요한 건 낙찰자의 마인드이다. 마인드가 제대로 정립되었다면 협상하는 데 큰 어려움은 없게 된다. '역지사지'의 마인드를 가지면 언제든 명도를 원만히 마무리할 수 있게 된다. 상대방과 나의 입장을 바꿔 생각해서 접근해야 한다.

이유야 어찌 되었건 간에 거주하고 있는 집을 내어 주어야 하는 점유자의 안타까운 심정을 헤아려야 하며, 점유자에게는 나의 수익만이 전부가 아니라 조금이라도 도움이 되고 싶다는 것을 보여 주어야 한다.

앞서 말했듯이 '내가 최고가로 낙찰을 받았다'는 사실로 다른 사람보다 더 점유자에게 유리한 환경을 제공했다는 점을 서로가 인지할 수 있도록 조성해야 한다. 그러면 낙찰자 본인도 명도에 대한 부담감이 줄어들며 점유자를 대할 수 있게 된다.

가끔 명도를 '점유자를 내쫓는 것'으로 오해하는 사람들이 있다. 내쫓는 것으로 생각하기에 점유자와 대면하는 것에 긴장하게 되고, 여차하면 싸울 수도 있겠다는 생각이 은연중 들게 된다. 이런 생각으로 협상하면 점유자의 행동에 공격적으로 반응하기 쉬우며, 흥분된 상태가 되어 협상을 그르치게 된다. 그러니 상대방을 '내쫓는 것'으로 생각하지 말고 점유자에게 조금이나마 도움을 주고 '내보내겠다'고 생각해야 한다. 이런 마음으로 임하게 되면 절대로 강제집행까지 갈 일도 없으며 원만히 명도할 수 있게 된다. 더욱 쉽게 명도하는 기술에 대해서는 다시 한번 다루도록 하겠다.

# Part 2

# 그럼에도 결국 선택했던
# 재테크 수단, 경매

# 나에게 남은 재테크는 경매뿐이었다

앞서 말했듯 거듭된 사업의 실패로 가진 돈을 모두 허비하였기에 직장생활을 해야만 했다. 사업하는 동안 서른 살이 넘어 버렸고, 특별한 경력이나 기술이 없어 작은 회사의 영업직으로 직장생활을 시작하게 되었다. 이후 몇 군데 회사를 더 다녔다.

직장생활이 길어질수록 미래에 대한 불안감이 쌓여 갔다. 한 회사에서는 월 마감 때가 되면 자정을 넘겨 퇴근하는 때가 많았으며, 수금이 제대로 되지 않으면 혼나기 일쑤였다. 다른 회사는 처음 입사 때는 좋았는데, 사장님이 변하기 시작하시더니 종교를 강요했고, 처우가 점점 엉망으로 변했다. 또 다른 회사는 사정이 어려워지며 월급이 밀리기도 했고, 인원을 대폭 줄이기도 했다. 이런 직장생활이 길어지며 미래가 점점 불안해졌고, 무어라도 해야 한다는 생각이 깊어졌다.

직장생활을 하며 돈을 아끼고 아껴 30만 원씩 적금을 들어 3년간 1천만 원을 모았고 그 당시 한참 유행했던 펀드에 돈을 묻었다. 눈 딱 감고 몇 년 만 지나면 원금과 함께 많은 수익으로 돌아올 줄 알았다. 약 3년간 묻어 뒀는데 그 기간에 하루도 마음이 편한 날이 없었다. 가장 수익성이 좋다는 펀드에 들었지만, 생각보다 수익률이 높지 않았다. 어느 날은 주가가 올라 '+수익'으로 되었다가 갑자기 폭락하며 '손실'이 되는 등 수익과 손실을 오가며 피를 말렸다. 또 수익이 나도 수수료를 제하면 결국 수익은 제자리였다. 그렇게 3년이 지나 본전이 된 날 펀드를 해지했다. 당시 대부분의 펀드가 큰 손실을 보던 시기였는데, 다행히 내가 가입한 펀드는 원금이라도 유지가 되었다. 펀드를 해지하고 돌려받은 그 원금은 한동안 그대로 은행에 있었다.

한때 주식 공부도 꽤 열심히 했다. 유망한 종목을 추천하는 유료 사이트에 가입도 했었고 매일 생방송 강의도 들었다. 각종 기법과 많은 수익을 자랑하는 책도 제법 많이 봤다. 그래서 사업할 때도, 이후 경매할 때도 주식투자를 곧잘 했다. 그러나 지금은 주식투자를 거의 하지 않는다. 주식을 사면 한시도 궁금해서 못 견디거나 단기 투자를 하고 싶은 욕망이 많은 필자의 성격 때문이기도 하지만, 가장 큰 이유는 내 마음대로 할 수 없다는 사실이다.

재무제표를 분석하고 수익성을 따지며 회사의 장래를 보고 투자를 결정했지만, 분식회계나 대표의 횡령 등 보이지 않는 위험이 너무 많았다. 아무리 내가 온 힘을 다한다고 하더라도 주식을 매입한 회사가 잘못되면 고스란히 피해를 입는 것과 특히 큰 손의 장난에 주가가 요동치는 것을 보게 되니 더 싫었다.

그렇게 펀드와 주식에 대해 불신을 갖게 되자 부동산 투자에 더 관심을 가지게 되었다. 특히 부동산 투자 중에서도 경매에 눈길이 갔다. 부동산은 크게 이변이 일어나지 않는 한 그대로 남아 있으며, 실물을 눈으로 확인할 수 있었다. 권리상 문제는 등기부 등본을 볼 줄 알고 약간의 공부만 하면 충분히 혼자서도 할 수 있었다.

현재 거래되는 부동산의 시세는 알아보고, 그 시세보다 저렴하게 낙찰받으면 최소한 손해날 일은 없다는 생각이 들었다. 여기에 낙찰받고 매각하는 사이에 시세가 오른다면 그 차익은 덤이 생기는 것이니 너무나도 매력적으로 느껴졌다.

부동산의 하자는 직접 확인할 수 있으며, 권리상의 문제는 직접 판단할 수 있으니 이보다 안전한 투자는 없다는 생각이 들었다. 문제는 당시에 부동산 투자하려면 큰돈이 필요한 줄 알았다. 오랜 시간 경매 공부를 할 때 '자본금은 얼마야 있어야 투자를 시작할 수 있을지' 이 부분은 항상 숙제로 남아 있었다. 나중에 좋은 멘토를 만나 100만 원만 있어도 경매 투자를 할 수 있다는 얘기를 듣고 얼마나 기뻤는지 모른다. 이 말은 듣고 바로 아내에게 얘기했다.

"자기야, 펀드에 투자했던 그 돈 있지."

"통장에 있는 1천만 원이요?"

"응, 나 그 돈으로 부동산 경매해보면 안 될까?"

"1천만 원으로 부동산 투자를 할 수 있는데요?"

"충분히 할 수 있는데. 나 그 돈으로 경매해 보고 싶은데."

"그렇게 해요. 어차피 자기 무언가 시작하라고 모은 돈인데."

그렇게 해서 1천만 원으로 경매를 시작하게 되었다. 그때 반대했으면 지금까지 경매에 입문하지 못했을지도 모르니 지금도 그 당시 흔쾌히 승낙해준 아내가 고마울 따름이다.

# 닥치는 대로 일단
# 경매 공부부터 시작하다

경매 입문자는 너무 오랜 시간을 공부에 몰두하느라 시간과 노력을 들일 필요가 없다. 집 앞 슈퍼에 물건을 사러 가기 위해 가벼운 평상복으로 가면 되지 정장 차림으로 방문할 필요는 없듯이, 경매 입문자는 많은 공부와 깊이 있는 지식이 필요한 게 아니라, 쉽고 안전한 물건으로 먼저 도전하는 것이 중요하기 때문이다.

공부보다 중요한 것은 경험이다. 공부를 아무리 많이 해도 실제로 한 번 경험해 본 것과는 천지 차이기 때문이다. 그렇다고 공부를 소홀히 하라는 것이 아니다. 입문자들이 불필요한 공부에 집중하고 익히느라 에너지를 소비하지 않는 게 더 낫다는 말이다. 이론 공부보다는 오히려 경험을 쌓아가며 필요한 공부는 그때그때 하는 것이 훨씬 효율적이다.

필자가 처음 경매를 공부할 때는 얼마나 해야 하는지 어떻게 하면 안전하고 쉬운 물건에 투자할 수 있는지 가이드를 주는 책이나 전문가들이 없었다. 그래서 그 오랜 기간을 지식을 쌓고 공부만 하며 3년 동안 입찰 한 번 해보지 못했다.

부동산 관련 서적 100권 이상, 공인중개사 자격증 취득, 저자들의 강연부터 경매 전문 변호사의 강의를 듣기까지 3년간 공부했다. 이제 와 생각해보니 정말 힘들었다. 지금도 그렇지만 수도권, 특히 서울 이외의 지역에서는 저자를 만나기도 쉽지 않고 경매 강의를 듣기도 쉽지 않다. 대전에 거주하기에 책을 읽고 저자의 특강을 들으려면 서울을 방문해야 했다. 비록 2시간짜리 특강이지만 왕복 교통 시간까지 따지면 온전히 하루가 그냥 지나버렸다. 수도권에 거주하는 사람들보다 시간과 경비가 몇 배는 더 들었다. 어쩌면 그래서 더 열심히 들었는지도 모르겠다. 저자의 열정이나 성공담, 경매 기술 등 제대로 된 무언가 얻어 내려 온 신경을 집중했다.

물론 이 당시 3년간의 공부가 책을 쓰고 가르치는 입장에서는 훌륭한 밑거름이 되고 있지만 지금 경매를 처음 시작하려는 사람들에게는 절대로 이렇게 공부할 필요가 없다고 말한다. 경매 공부는 법률관계가 기본이기 때문에 깊이 공부하려 하면 끝도 없고 어렵기만 하기 때문이다. 그러니 초보들은 최소한의 필수 지식만 습득에 쉽고 안전한 물건에 도전하기 바란다.

한창 공부에 열중일 때의 일이다. 멘토로 따르던 분이 경매 전문 변호사에게 강의를 들은 적이 있는데, 그 강의를 추천해 주셨다. 그리곤 당부하셨다.

"강의 일정 동안에는 부모님 상을 당하지 않는 이상 모든 일정은 제쳐두고 강의를 꼭 참석하고 열심히 배워야 해."

"네, 명심할게요. 열심히 배우겠습니다."

대답처럼 매주 대전에서 서울로 한 주도 빠짐없이 8주 과정을 정말 열심히 참여했다. 아마도 이 시기가 3년의 공부 기간 중 경매 공부를 제일 많이 깊이 있게 했던 것으로 기억된다.

이 얘기를 하는 이유는 공부하는 기간에 얼마나 집중하고 열심히 해야 하는지를 말하고 싶기 때문이다. 공부 기간이 길다고 제대로 공부하는 것이 아니다. 하고 싶은 마음이 들었을 때 집중해서 단기간에 하는 공부만큼 효과적인 학습법은 없다.

마감기한이 있을 때와 없을 때의 집중력은 큰 차이를 보인다. 특히 마감기한이 다가올수록 집중력은 극에 달한다. 마감 몇 시간 전, 시험 보기 몇 시간 전, 서류를 제출하기 몇 시간 전의 집중력은 최고조로 발휘된다. 시간이 조금만 더 있으면 훨씬 훌륭한 결과를 만들어 낼 수 있을 것 같은 생각이 머리에 맴돈다. 그래서 일부러 시간을 잘게 쪼개 목표를 정하는 사람도 있다. 자신을 계속 극한 상황으로 몰아붙여 최대의 효과를 보기 위한 방법이다.

경매 공부를 할 때도 이와 같은 마음으로 공부하는 것이 좋다. 경매하려 마음먹었을 때가 하고 싶은 의지와 열정이 가장 충만할 때이다. 이때 필수로 알아야 할 지식과 절차를 습득 후 빨리 직접 현장 조사하고 입찰하고 낙찰받아 처리하는 경험을 쌓는 것이 중요하지, 많은 지식을 머리에 넣는 것은 중요하지 않다. 오히려 유치권, 법정지상권 등 특수물건 같은 어려운 공부에 몰두하는 게 오히려 두려움만 더 커질 수도 있다.

다시 강조하지만, 경매에 입문할 때는 너무 깊은 공부와 오랜 공부 시간보다 경험이 중요하다는 사실을 잊지 말아야 한다. 하루 8시간만 공부해도 경매에 입문하기에는 충분하다.

# 지식의 유무와 상관없이 누구나 겁나는 입찰에 도전하다

오랜 공부 기간을 끝내고 본격적으로 경매에 도전하기로 마음먹었다. 우선 유료 경매사이트에서 특이한 사항이 없는 비교적 판단이 쉬운 물건 위주로 검색했다.

제법 많은 공부로 등기부 등본과 현황조사서, 매각명세서 등으로 권리분석과 기본적인 내용 파악은 어느 정도 잘 해냈다. 당시 많은 경매책들이 교과서처럼 '거주지 주변 지역을 투자하라'고 언급했다. 그래서 대전에서 1천만 원으로 투자할 수 있는 주택을 찾았는데, 이 비용으로 투자할 수 있는 주택은 다세대 주택만 가능했다. 초보라 아파트에 투자하고 싶었지만, 이 금액으로 낙찰받을 수 있는 아파트는 없었고, 단독 주택은 물건의 옥석을 가릴 수 있는 수준이 되지 않았었기에 아예 대상에서 제외했다.

토요일, 일요일 한 번 조사하러 갈 때 평균 다섯 개 정도 물건을 A4 용지로 출력해서 다녔다. 지금은 스마트폰으로 물건도 검색되고 여러 가지 정보 확인도 가능하지만, 당시에는 환경이 열악해서 직접 A4 용지에 내용을 출력하고 다이어리를 들고 다니며 특이사항을 적고 기록했다. 심지어 지금은 스마트폰에 녹음 기능까지 있지만, 초보 시절에는 볼펜 형태의 녹음기를 구매해서 가지고 다녔다.

요즘은 현관 비밀번호를 모르면 건물을 출입조차 못 하지만, 오래전 건축된 다세대 주택은 현관에 따로 잠금장치가 설치되어 있지 않았다. 그래서 예전에는 2층이든 3층이든 해당 호까지 아무런 제지 없이 갈 수 있었다. 그렇게 아무런 제지 없이 문 앞까지 갔지만, 처음엔 초인종은커녕 문 앞에 갈 용기도 없었다.

대전에서 몇 번을 입찰해도 낙찰받지 못하자 다른 지역으로 눈을 돌렸는데, 당시 인천에 다세대 주택이 제법 많이 나왔다. 그래서 대전에서 인천으로 고속버스를 타고 두 시간이 넘게 걸려 갔지만, 초인종도 못 누르고 돌아오기를 몇 번이나 거듭했다.

나중에 '죽기 살기'라는 마음으로 초인종을 눌렀지만, 속으로는 점유자가 없기를 바라거나, 누군가 나오면 인사만 하고 도망 오기를 반복했다. 지금은 그때보다 효율적으로 현장 조사를 하고, 필요하다면 점유자와 집안에서 차를 마시며 얘기도 나누지만, 당시에는 정말 말 한마디 부치기 어려웠다.

몇 번 용기를 내어 현장 조사도 마치고 입찰을 결정했는데, 입찰하려니 자신감보다는 두려움이 앞섰다. 권리 상 특별한 문제도 없었고 현장조사도 나름 철저히 했다고 생각했지만, 막상 입찰하려니 막막하기만 했다.

'내가 한 권리분석이 제대로 된 것일까?'

'시세 파악은 제대로 한 것일까?'

'혹시 내가 놓친 함정이나 주택에 문제가 있는 것은 아닐까?'

'만약에 낙찰받았는데, 대출을 못 받으면 어떡하지?'

'남들보다 너무 높은 가격에 입찰하는 거 아냐?'

'낙찰받고 명도를 못 하면 어떻게 하지?'

'내가 생각한 데로 수익이 날까?'

지금 생각해 보면 정말 사소한 것들까지 모든 게 불안했다. 당시 멘토로 따르던 분에게 이제 막 경매 책을 한 권밖에 안 읽어본 생초보처럼 시시콜콜 끝도 없이 질문했다. 대학생이 초등학생 수준의 문제를 질문했던 것처럼 지금 생각하면 민망해지기까지 한다. 이렇듯 아무리 공부를 많이 해서 지식을 쌓아도 현장에 직접 부딪치는 것이 너무 두렵고 어려웠다. 그래서 지금 수강생들에게 지식보다도 심리적으로 안정감을 느낄 수 있는 방법을 최대한 많이 전하고자 한다.

현장 조사와 권리분석까지 해결하고 입찰을 결정하면 마지막으로 입찰가격을 결정해야 했다. 지금이야 수익률과 수익 금액을 산정해 투자

기간과 세금에 맞춰 입찰가를 체계적으로 결정하지만, 당시에는 주먹구구식 투자였기에 입찰 가격란에 얼마를 적을지가 항상 고민이었다. 결국은 입찰 당일 아침까지 결정을 못 내린 적도 부지기수였다. 그러다 보니 힘들게 권리분석과 현장 조사까지 마쳐 입찰보증금까지 준비했지만, 입찰 마감 시간에 쫓겨 수정하다 결국 마감 시간을 넘겨 입찰도 못 하고 돌아오는 때도 있었다.

그래서 지금은 수강생들에게 입찰 전날에 입찰보증금은 수표로 준비하고, 입찰표도 작성해서 절대로 고치지 말고 입찰 당일에 그대로 입찰하라고 권한다. 경매 법원에 가보면 가끔 입찰장에 사람이 얼마나 많은지 발 디딜 틈조차 없을 때도 있다.

'왜 이렇게 사람이 많은 거야.'

입찰자 외의 사람은 이 정도로 생각할 수 있지만, 정작 입찰 당사자는

'왜 이렇게 사람이 많지? 저 사람들도 혹시 내가 입찰하려는 물건에 똑같이 입찰하려는 거 아냐?'

'입찰가를 올려 써야만 낙찰되는 거 아냐?'

이런 생각들이 계속 떠오르고 결국에 입찰가를 높여 쓰는 일도 생긴다. 이럴 때 높인 가격으로 낙찰받고도 수익을 내면 상관없지만, 가끔 시세보다 더 높은 가격을 쓰거나, 숫자를 잘못 적어 터무니없이 높은 가격으로 낙찰되어 보증금을 포기하고 잔금을 미납하기도 하며, 입찰서를 계속 고쳐 쓰다 마감 시간 안에 제출하지 못해 입찰조차 못 하는 등 실제 이런 부작용이 속출하곤 한다. 내 주변에서도 많이 목격한 일이다.

필자 또한, 초보 시절 입찰가를 몇 번 고쳐 쓰다 두 번이나 제시간에 입찰서를 제출하지 못한 일도 있었다. 비록 금방 낙찰받지는 못했지만 이런 경험을 쌓으며 계속 도전했고 결국 첫 낙찰의 기쁨을 맛보는 순간이 다가왔다.

# 일반물건에서 특수물건까지
# 모두 경험하다

경매 공부만 3년, 현장 조사와 입찰만 약 열 번이 넘는 도전 끝에 첫 낙찰에 성공했다. 그래서 나의 수강생이 교육받고 첫 입찰에 낙찰받는다거나 시작한 지 3, 4개월 만에 낙찰받고 매도까지 끝내서 교육비의 몇 배가 넘는 수익을 내는 순간을 보게 되면 말로 형용할 수 없는 기쁨과 뿌듯함이 밀려온다. 필자가 겪었던 고생과 고통을 느끼지 않고 재테크에 성공할 수 있게 도움이 되었다는 사실이 더욱 더 정진하게 해준다.

첫 낙찰에 성공하고 경험이 쌓일수록 지식은 깊이를 더했고 안목은 점점 넓어졌다. 그러면서 특수물건에 도전하고 싶어졌다. 많은 공부를 했었고, 특수물건이 큰 수익이 난다기에 겁 없이 덤볐다. 위장임차인,

유치권, 지분, 법정지상권, 선순위가등기 등 고수들이 도전한다는 물건에 도전했다.

| 종류 | 특성 | 해결 방법 |
| --- | --- | --- |
| 위장임차인 | 실제 임차인이 아니나 임차인처럼 행동하여 배당을 받거나 낙찰자에게 보증금을 받으려는 목적의 점유자 물건 | 임차인이 아닌 증거를 확보하여 협상 및 명도 |
| 유치권 | 건물에 공사하고 공사대금을 받지 못해 해당 건물을 점유하고 공사대금을 요구하는 권리 | 유치권자와 합의하여 공사대금을 해결하거나 유치권이 성립하지 않는다는 증거로 협상 |
| 지분 | 부동산의 공동소유자 중 일부 소유자의 소유권만 경매로 진행되는 경우 | 공동소유자와 합의하여 매각 후 매각대금을 지분대로 나누거나 낙찰자의 지분만 따로 매각 |
| 법정지상권 | 경매 부동산의 토지와 건물 소유자가 다르고 둘 중 하나만 매각되는 경우 | 토지나 건물의 소유자와 협상, 어느 한쪽의 소유자에게 매각하든지 법정지상권의 성립 여부에 따라 해결 방법이 다름 |
| 선순위가등기 | 등기부 등본 상 여러 권리 중 소유권 이외에 가등기가 제일 먼저 설정된 경우 | 선순위가등기권자와 협상, 또는 재판을 통해 가등기를 말소 |
| 선순위가처분 | 등기부 등본 상 여러 권리 중 소유권이외에 가처분 제일 먼저 설정된 경우 | 가처분이 판결난 상황을 제외하고는 입찰하면 대부분 위험함 |

특수물건의 종류와 특징

비록 가진 자본금이 적었기에 소액으로 투자할 수 있는 물건에 집중했다. 처음 몇 건은 정말 투자 대비 높은 수익을 내었다.

1. 법정지상권이 신고된 450만 원짜리 토지

2. 3명의 소유자 중 1인의 지분 경매

3. 유치권이 신고된 6천만 원의 다세대 주택

4. 대항력임차인이 있는 1억1천만 원의 아파트

5. 위장임차인 신고가 된 1억4천만 원의 아파트

6. 유치권이 신고된 8천만 원의 상가

이렇듯 10여 건이 넘는 특수물건으로 수익을 내어 점점 빠져들고 있을 때, 나의 경매 인생에 가장 힘든 시기를 맞게 되었다.

위의 이미지는 2012년에 낙찰받은 감정가 7천만 원의 다세대 주택이다. 선순위가등기가 있던 물건인데 조사해 보니 가등기권자와 소유자가 가족관계로 불법행위에 의한 가등기였다. 경매 전문 변호사의 '쉽게 해결할 수 있다'는 말만 믿고 선순위가등기물건을 소송으로 해결하려했다.

그런데, 1심에서 그만 패소하고 말았다. 여기서 포기할 수 없으니 항소했고 결국 대법원의 판결까지 세 번의 소송을 진행했다. 그 사이 시간은 2년이 넘게 걸렸는데, 법조계에서 근무하는 사람의 얘기로는 대법원까지 가는 사건이 3년이 채 걸리지 않았다면 빨리 끝난 거라고 했다. 소송 기간 동안 집을 마음대로 처리할 수 없었고, 그 사이 부동산 시세는 하락하고 말았다.

수익이라도 많이 났다면 비용과 들인 시간, 그간의 마음고생도 그나마 덜 억울할 텐데, 지출된 소송 비용과 금융 비용을 계산해 보니 손해나 다름없었다. 그리고 대법원판결이 나고 2년 후 소유권을 넘겨 달라고 다시 소송을 걸어와 너무 힘들었다.

물론 말도 안 되는 이유였고, 결국 상대방의 주장이 이유 없다며 소송이 마무리되었지만 근 1년의 세월 동안 그 사람으로 인해 시간과 경비를 낭비하며 법원에 들락거려야만 했다. 그 이후로는 선순위가등기물건은 쳐다도 보지 않고, 너무 난해하거나 복잡한 특수물건은 웬만하면 피하고 있다. 정리해보자면 다음과 같다.

**1.** 선순위 가등기 다세대 주택 감정가의 반값에 낙찰
**2.** 1심 패소
**3.** 2심 승소
**4.** 3심 대법원 승소

**5.** 가등기말소 동의 소송

**6.** 3년 만에 가등기 말소하고 매도

**7.** 매도 후 2년이 지나 가등기권자의 소유권 이전청구 소송

**8.** 1년 만에 기각되고 마무리

**결론:** 1심부터 소유권 이전청구 소송까지 소송만 5년. 소송비용으로 1,500만 원 정도 지출. 부동산 하락으로 저가에 매도

---

### 대전지방법원 천안지원
### 결    정

사    건    2014카확1000    소송비용액확정

신 청 인    이명재

　　　　　　소송대리인
　　　　　　담당변호사

피 신 청 인

#### 주    문

위 당사자 사이의 대전지방법원 2013나100727, 대법원 2013다212288 가등기말소 등 사건 판결에 의하여 피신청인이 신청인에게 상환하여야 할 소송비용액은 금 1,561,330원 임을 확정한다.

#### 이    유

주문기재의 위 사건에 관하여 신청인이 그 소송비용액의 확정을 구하여온 바, 피신청인이 부담하여야 할 소송비용액은 별지 계산서와 같이 금 1,561,330원 임이 인정되므로 민사소송법 제110조 제1항을 적용하여 주문과 같이 결정한다.

2014. 2. 20.

사 법 보 좌 관    구 자 균

소송 비용 지급 결정문

소송을 진행하기 전 담당 변호사는 승소하면 소송비용을 상대방에게 청구할 수 있다고 했다. 소송비용으로 1심부터 3심 대법원까지 1천만 원이 넘는 비용이 들었다. 대법원까지 가는 끝에 승소했고, 소송비용을 상대방에게 청구하기 위해 소송비용을 받으려는 목적으로 소송비용 지급명령을 신청했다.

법원에서 소송 상대방은 나에게 소송비용을 지불하라는 결정이 나왔는 데 내가 받을 수 있는 소송비용은 고작 150만 원 정도였다. 이 돈을 받기 위해 시간과 경비를 다시 들일 수는 없으니 그냥 받는 것을 포기할 수밖에 없었다.

경매 초보들에게 특수물건보다는 쉽고 안전한 경매를 하라고 조언하는 이유가 여기에 있다. 고수익을 내기 위해서는 높은 위험을 염두에 두어야 한다지만, 이런 특수물건을 한 번 잘못 낙찰받으면 그 한 번으로 경매계를 완전히 떠날 수도 있음을 명심해야 한다.

나만의 특별한 사례라고 생각하지 말기 바란다. 경매 고수라는 분들도 특수물건을 한번 잘 못 낙찰받았다가 몇 년 고생하는 것을 직접 목격하기도 했다. 뒷산에 오르기 위해 히말라야 등산용 파카에 침낭, 식량 등을 거대한 배낭에 메고 오를 필요는 없다. 가벼운 등산복 차림에 물과 간식만 가지고 오르면 된다. 나머지는 쓸데없는 짐만 될 뿐이다. 이렇듯 너무 법률적으로 깊이 공부할 필요 없다. 쉽고 안전한 물건만 해도 얼마든지 많은 수익을 낼 수 있다.

# 오랜 경험을 바탕으로
# 초보가 하기 쉬운 경매법을 찾다

소액물건부터 특수물건에 이르기까지 10년을 넘게 투자하며 많은 경험을 쌓았다. 정말 다양한 종류의 부동산에 투자했다. 150만 원짜리 토지, 3천만 원의 아파트, 반지하 주택, 미분양 아파트, 나홀로 아파트, 상가, 170.48㎡(64평형) 아파트도 있다. 각 부동산의 특성부터 조사 방법, 수익내는 방법, 해결 과정까지 나의 지식과 발품을 통해 많은 경험을 쌓았다.

또한, 권리분석 상 아무 문제가 없는 물건부터 대항력 있는 임차인, 지분, 유치권, 법정지상권, 선순위가등기 등 특수물건까지 오랜 기간 쌓은 지식을 이용하여 해결했다. 아주 수준 높은 지식을 가졌다고 생각하지는 않지만, 법원 판례에 관해 토론할 정도의 수준은 지니게 되었다.

3년이 넘는 시간을 소송과 씨름하며 소송에 관한 지식도 쌓았다. 예전에 '법률이란 100% 절대는 없다'라는 말을 들은 적이 있다. 사건의 상황과 여건이 조금이라도 다르다면 기존 판례와 다른 판결이 날 수도 있다는 말이다. 나는 이 말을 항상 명심하며 아직도 부족한 부분은 독서와 검색을 통해 공부하고 있다.

그리고 세 자매의 어머니, 홀로 거주하시는 할머니, 가족의 실수로 자신의 부동산이 경매로 나온 동생, 세금회피 목적의 소유자, 빈집 등 처한 환경과 개인적인 성향이 다른 이들을 많이 만났다. 초보 시절 명도에 임할 때 혼자서 해결해야 하는 부담감과 낯선 사람과 협상을 해야 하는 상황이 많이 힘들었다.

이들 대부분은 비협조적일 때가 많았다. 그들을 만나 명도 협상하는 과정을 수없이 겪으며 많이 단련됐고 요령이 생겨 좀 더 효율적으로 협상하고 서로 원만하게 명도를 마무리하기에 이르렀다. 부동산 종류별, 특성별, 점유자에 따라 접근 방법과 해결법이 수많이 존재하지만, 초보자들은 몇 가지만 명심하면 큰 어려움 없이 경매에 입문할 수 있다. 낙찰 받기 쉬운 물건부터 쉬운 명도를 위한 물건 선정까지 초보자들이 쉽고 안전하게 접근할 방법을 알아보자.

## ☑ 첫째, 물건 선정하기

좋은 물건을 선정하기보다 상대적으로 저렴한 물건을 선정한다. 많은 사람이 착각하는 부분인데 '내 눈에 좋아 보이면 남에게도 좋아 보인다'고 좋은 물건, 즉 깨끗하고 살기 좋고 환경 좋은 곳에 있는 부동산은 당연히 경쟁자가 많다.

이런 부동산은 낙찰 가격이 높게 형성되어 장래 가치를 보고 입찰하지 않는 한 낙찰받기 쉽지 않다. 나도 경매 초기에는 좋아 보이는 물건만 찾아다녔는데, 낙찰받고 싶다면 상대적으로 저렴하게 낙찰받을 수 있는 물건을 찾아야 한다.

여기서 '상대적'이란 말은 다른 브랜드, 다르게 건축된 주택이 아니라 똑같은 아파트, 같은 빌라 등 같이 지어진 건물 중 해당 조건이 비슷한 주택보다 저렴하게 낙찰받을 수 있는 건물을 말한다. 예를 들면 한 동짜리 아파트나 건축된 지 조금 오래되어 허름해 보이는 이런 아파트들은 대규모로 지어진 지 얼마 안 되어 좋아 보이는 아파트들에 비해 경쟁률이 비교적 낮은 편이다. 우리는 좋은 아파트를 사는 것이 목적이 아니다. 직접 거주할 주택을 낙찰받는 것이 목적이 아니라면 수익을 낼 수 있는 아파트를 낙찰받는 것이 목적임을 잊지 말자. 좋은 아파트일수록 경쟁률은 높아지고 낙찰가는 높아지게 마련이다. 경매를 통해 일반적인 가격으로 거래되는 옆집보다 저렴하게 매수한다면 그 가격 차이만큼 수익을 내고 시작하는 게임이나 다름없다.

## ☑ 둘째, 명도가 쉬운 물건 찾기

주택을 낙찰받게 되면 많은 사람을 만나게 될 텐데, 그 사람들의 여건과 상황, 성격, 등에 따라 신중히 접근해야 한다. 배당 여부도 명도 협상에 중요하게 작용한다. 배당을 받는지 못 받는지, 받는다면 전액 받을 수 있는지, 일부만 받을 수 있는지, 이 금액에 따라 저항이 다를 수 있으니 개략적인 배당금을 알면 명도에 유리한 입장에서 진행할 수 있다. 또한, 많은 빚만 남은 소유자는 명도에 조금 까다로울 수 있다. 등기부 등본을 확인하면 각종 카드값에 은행 대출로 인해 가압류가 많다면 빚밖에 아무것도 없으니 명도 저항이 거셀 수 있다.

채무자와 소유자가 다른 때도 눈여겨봐야 한다. 돈을 빌린 사람의 이름과 주택의 소유자가 다르니 명도 시에 소유자의 저항이 거셀 수도 있다. 그 외에도 몸이 불편한 사람, 무속인, 특정 종교인, 연로한 분 등 특별한 점유자로 명도가 조금 까다로울 수도 있다.

어떤 사람들은 명도에 까다로우니 오히려 저렴하게 낙찰받을 수 있다고 말하지만, 개인적으로 초보자들에게 추천하고 싶지는 않다. 명도의 저항이 심할 때는 생각보다 많은 정신적인 스트레스를 받기에 굳이 수익을 좇아 무작정 동경하지 않기 바란다. 이런 까다로운 물건들은 경험이 쌓이고 마음이 단련되면 얼마든지 도전할 수 있으니 애써 초보 시절부터 고생을 사서 할 필요는 없다.

개인적인 생각으로 초보가 명도하기에 가장 편한 물건을 고르라면 '금액과는 상관없이 배당을 조금이라도 받는 임차인이 거주하는 주택'이라 단언할 수 있다. 이 주택은 임차인이 배당을 받고자 한다면 낙찰자의 명도확인서가 필요하니 결국에는 협상에 응할 수밖에 없기 때문에 다른 종류의 경매물건 보다 명도하기가 수월한 편이다.

## ☑ 셋째, 권리분석하기

경매로 진행되면 모든 권리가 깨끗하게 말소되고, 특이한 사항이 없어서 낙찰자가 책임져야 할 일이 없는 경매 물건만 입찰한다. 권리분석에 관한 부분은 〈경매 고수의 노하우-10분 만에 끝내는 권리분석〉에서 자세히 다루고 있다.

이상 세 가지만 염두에 두고 투자하면 초보자들도 얼마든지 쉽고 안전하게 경매에 입문할 수 있다. 쉽고 안전한 경매로 빠르게 수익을 실현하자.

우리는 좋은 아파트를 사는 것이 목적이 아니다.
직접 거주할 주택을 낙찰받는 것이 목적이 아니
라면 수익을 낼 수 있는 아파트를 낙찰받는 것이
목적임을 잊지 말자. 좋은 아파트일수록 경쟁률
은 높아지고 낙찰가는 높아지게 마련이다. 경매
를 통해 일반적인 가격으로 거래되는 옆집보다
저렴하게 매수한다면 그 가격 차이만큼 수익을
내고 시작하는 게임이나 다름없다.

# Part 3

×

## 쉽고 안전한
## 경매
## 무작정 따라 하기

# 자신이 잘 아는
# 거주지 주변이
# 최고의 경매 명당이다

어떤 분야나 그렇겠지만 첫 도전은 두려웠다. 하지만, 멘토의 응원에 힘입어 '올해는 꼭 경매로 수익을 내보겠다'는 결심으로 물건들을 찾아 봤다. '자신이 거주하는 주변에서 처음 시작하라'고 어느 책에서나 말하 듯, 대전에서 태어나 자라고 결혼하여 살아온 나는 당연히 대전 물건을 열심히 검색했다. 주말이면 평균 3~4군데 현장 조사를 나갔고, 매월 평 균 3~4개의 매각물건에 도전했다. 정말 많은 물건을 검색하고, 열심히 뛰어다녔다.

어렵게 시간을 내어 직접 입찰하거나 지인에게 부탁하여 입찰했지만 단 한 번도 1등을 해 본 적이 없었다. 수익을 생각하고 매수하기에는 너무 부담스러운 가격으로 낙찰되었다. 그렇게 몇 개월이 흘러 패찰만 거듭하게 되자 심각에 고민에 빠졌다.

'경매로 돈 버는 시대는 지났다는 말이 맞나?'

'저 가격으로 낙찰받으면 도대체 수익을 낼 수 있나?'

'급매보다 비싼 가격으로 낙찰받네? 제정신인 건가?'

저마다의 낙찰받는 사유는 있겠지만, 그 당시 투자금액과 소요 기간, 세금 등을 생각하면 도저히 입찰할 수 없는 금액으로 생각되었다. 무언가 돌파구를 찾지 않으면 안 되는 상황으로 치닫고 있었다.

'어떻게 하면 낙찰받을 수 있지?'

'더 중요한 건 수익이 날 금액으로 낙찰받아야 하는데….'


무엇이 문제인지 한동안 고민에 빠져 살았다. 몇 날 며칠을 고민했다. 그리고 결론에 도달했다. 책이나 강사들이 말하는 것은 그들의 투자법이었고 나는 나에게 맞는 투자법을 찾아야 한다는 생각이 들었다.

'나는 자본금이 적으니 소액물건을 찾아야겠다.'

⇨ '그 적은 자본금마저 오래 묶어둘 수 없으니 단기투자로 수익을 낼 수 있는 물건에 입찰해야겠다.'

⇨ '주택, 그중에서도 소형아파트는 환금성이 뛰어나니 단기투자로 적합하겠다.'

⇨ '경쟁률이 높은 아파트는 인기가 좋으므로 높게 낙찰될 가능성이 크다.'

⇨ '사람들이 많이 입찰하지 않을 비인기 아파트를 저렴하게 낙찰받

　　자.'

　이런 생각들을 정리하고 나니, 내가 투자할 물건의 종류가 윤곽이 잡

혔다.

　'대전을 벗어난 중, 소도시의 저렴한 비인기 아파트!'

　이렇게 결정하고 나니, 대전에서 가장 가까운 충남에 속한 천안, 아

산, 당진, 홍성이 떠올랐다. 당시 이들 도시 모두 개발로 계속 발전하고

있었고, 큰 기업들이 입주하거나 충남도청이 이전할 계획이 있었다. 평

일에는 이 지역 물건을 열심히 검색하고 주말이면 현장 조사를 다녔다.

**경매 고수의 노하우** ▶ **좋은 물건이란 어떤 것일까**

강의하다 보면 받게 되는 수많은 질문 중 가장 나를 곤란하게 하는 질문이 '좋은
물건 좀 소개해주세요'다. 처음 경매로 몇 차례 수익을 냈을 때 주변에 좋은 물건
이라 하여 소개해 주었다. 나에게 고맙다고 했을까? 아니다, 가장 많이 돌아온 이
야기가 약간 서운한 듯한 말투의 "나에게 왜 그런 물건을 소개해줬어?"이다. 나는
좋은 물건이라고 소개해 줬는데, 그들에게는 이상한 물건으로 보였나 보다.

　나는 주로 170.48㎡(64평형), 25년 이상 된, 인기 없는, 대도시가 아닌 나 홀로 아
파트 등 이런 물건들에 투자했다. 이런 아파트들은 보통 경쟁률이 낮고 낙찰가가
저렴했다. 그러니, 옆집보다 저렴하게 매물로 내놓는다면 충분히 매도할 수 있으
니 낙찰만 저렴하게 받으면 된다고 생각했다.

건물 자체에 사람이 너무 없어 공실이 많지 않는 한 누군가는 가격이 저렴하니 매수할 것이라는 신념이 있었고, 그런 방식으로 성공적으로 투자해왔다. 물론 특수물건으로도 수익을 낸 적도 많이 있었지만, 특수물건을 소개할 수 없으니 대부분 나의 기준에 좋은 물건을 소개해 줬는데, 일부러 안 좋은 물건을 소개해주는 사람처럼 비치게 되었다.

이렇듯 나름 좋은 물건이라고 소개해 줬지만, 당사자에게는 투자하기 꺼려지는 나쁜 물건일 수도 있다. 이는 투자하는 사람의 상황을 정확히 인지하여 물건을 선택해야 한다는 뜻이다. 입찰할 물건의 선정은 투자 목적, 투자 기간, 소유한 자본금, 선호하는 부동산의 종류 등 투자자의 주변 상황에 맞춰 물건을 찾아야 한다. 이를 고려하여 선택한 부동산이 그 사람이 투자하기에 좋은 물건이지, 좋은 입지의 아파트, 신축 상가, 누구나 선호하는 부동산이 결코 좋은 물건이 아니다. 당신에게 좋은 물건은 어떤 것인지 생각해보자.

**투자 목적** - 실거주 또는 시세차익, 월세 수입

**투자 기간** - 단기투자 또는 장기투자

**투자 자금** - 1천만 원, 1천만 ~ 5천만 원, 5천 만~1억 원, 1억 원 이상

**선호 부동산** - 상가, 오피스텔, 아파트, 다가구 주택, 토지 등

월세 받는 것이 목적이라면 대출 가능 금액과 이를 바탕으로 수익률을 계산하여 입찰가를 결정해야 하며, 단기투자가 목적이라면 높은 양도세를 납부하고도 수익이 나는지 신중히 결정해야 한다. 또한, 토지와 상가는 주거용 주택에 비해 환

금성이 떨어지며, 오피스텔은 관리비가 비싼 점 등 부동산별 투자 방법도 미리 생각한 다음 투자를 결정해야 한다.

# 진짜 입찰하고
# 싶은 물건을 찾을 때까지
# 기다릴 것

지방으로 입찰을 몇 번 다녔지만 계속 낙찰 실패만 하던 때였다. 어느 날 아산의 한 아파트가 눈에 띄었다. 아산에서 천안으로 넘어가는 길목에 위치한 곳이었다. 조금 외진 곳이지만 인근에는 대학교가 있었고, 차로 5분 거리에 삼성 LCD 공장이 있었다. 그 주변에는 아파트가 이 한 단지밖에 없으니 임대나 매매 수요는 있을 것으로 판단되었다.

국토교통부 실거래가와 인터넷 매물을 살펴보니 약 6천만~6천5백만 원 정도의 시세가 형성되어 있었다. 시세 조사만 정확히 하고 저렴하게 낙찰받는다면 수익을 낼 수 있을 것으로 판단되었다.

현장 조사를 나가기 전 유료사이트에서 기본 정보(위치, 면적, 실거래가, 매물, 권리 사항 등)을 파악했다.

| 2009 타경 | | 매각기일 : 2010- | | 경매4계 041-620-3074 | |
|---|---|---|---|---|---|
| 소재지 | (31457) 충청남도 아산시 [도로명] 충청남도 아산시 선등 | | | | |
| 용도 | 아파트 | 채권자 | 김 | 감정가 | 64,000,000원 |
| 대지권 | 34.824㎡ (10.53평) | 채무자 | 삼 | 최저가 | (70%) 44,800,000원 |
| 전용면적 | 39.15㎡ (11.84평) | 소유자 | 삼 | 보증금 | (10%) 4,480,000원 |
| 사건접수 | 2009-11-03 | 매각대상 | 토지/건물일괄매각 | 청구금액 | 20,500,000원 |
| 입찰방법 | 기일입찰 | 배당종기일 | 2010-01-15 | 개시결정 | 2009-11-04 |

**기일현황**

| 회차 | 매각기일 | 최저매각금액 | 결과 |
|---|---|---|---|
| 신건 | 20 | 64,000,000원 | 유찰 |
| 2차 | 20 | 44,800,000원 | 매각 |
| 이명제/입찰2명/낙찰52,330,000원(82%) | | | |
| 201 | | 매각결정기일 | 허가 |
| 배당종결된 사건입니다. | | | |

전용면적이 39.15㎡이니 분양 평수는 약 15평형에서 16평형으로 생각

되었다. 그럼 방 2개에 화장실 1개일 테고, 인터넷 지도에서 보니 남향에

까웠다(그림에는 입찰이 2명으로 표기되어 있지만 실제로는 3명이 입찰했다).

 **알아두면 좋은 경매 상식 × 평과 ㎡**

> 부동산의 면적은 법적으로 ㎡를 쓰게 되어있지만, 오랫동안 사용해 온 '평형'
> 이 아직까지 직감적으로 크기가 가늠된다.
> ㎡ × 0.3025=평, 평 × 3.3058 = ㎡
> 간단히 ㎡에 0.3을, 평에 3을 곱하면 거의 근사치 값이 나온다.
> 예) 85㎡ = 25.2평
> 아파트에서 흔히 말하는 '평형'은 분양 평수를 말한다.
> 전용면적이 25.2이라면 분양 평수는 약 31~33평형이다.
> 분양 평수 = 전용면적 + 공용면적

위의 지도에서 보듯이 아파트의 왼쪽에는 자동차로 5분 거리에 삼성 디스플레이 아산공장이 있고, 탕정택지 개발지구와 오른쪽으로 탕정 택지 개발이 예정되어 있으며 바로 아래 천안아산역까지 있다. 그리고 곳곳이 개발 예정 중이었다. 매매든 임대든 충분한 수요가 있을 것으로 생각됐다.

**경매 고수의 노하우** 　 **대법원 사이트와 유료 사이트 활용법**

경매 투자자들의 대부분은 대법원 경매 사이트 보다 주로 사설 유료 경매 사이트 를 이용한다. 비록 사용료가 들지만 그만큼 유리한 점이 많기에 이용하는데, 유리 한 점을 살펴보면 다음과 같다.

| 구분 | 대법원 경매 사이트 | 유료 경매 사이트 |
|---|---|---|
| 사건 검색<br>가능 기간 | · 최대 2주 | · 최대 50일 |
| 등기부 등본 | · 제공하지 않음<br>· 인터넷등기소에서 유료로<br>  발급 또는 열람 | · 경매 신청 당시 등기부 등본을 무료로 게시 |
| 과거사건<br>검색 | · 검색 불가 | · 검색 가능 |
| 기타 | · 기본 정보만 수록 | · 낙찰시 예상 필요 비용 계산<br>· 각종 부동산 정보 사이트와 연동<br>· 경매 법률 정보 수록<br>· 각종 서식 이용 가능 |

위의 표에서 보듯이 여러 면에서 유료 사이트가 더 유리하다. 특히 검색 가능한 기간이 길어서 시간상으로 여유 있게 조사나 준비를 할 수 있다. 또한, 사건을 검색할 때마다 등기부 등본을 열람하거나 발급하려면 비용도 들고 시간도 든다.

하지만 유료 사이트에서는 경매신청 당시 등기부 등본을 올려놓으니 시간이 절약되고 비용도 추가로 들지 않는다. 특히 과거 사건을 검색할 수 있는 기능은 큰 이점이 된다.

가끔 경매사건을 검색하다 보면 과거에도 경매로 처분된 것을 볼 수 있는데, 몇 년이 지난 사건도 검색이 가능하기에 종종 유용한 정보를 획득할 수 있다. 또한, 토지 이용 규제 서비스, 인터넷 지도 등 연동되고 해당 번지 사례, 아파트 실거래

가 등 모든 정보를 바로 연동해서 볼 수 있다. 사이트 이용료가 들지만 법원경매

사이트를 이용하는 때 보다 오히려 시간과 경비가 절약된다. 필자는 '스피드 옥션'

과 업무제휴를 맺어 수강생들에게 거의 50%에 해당하는 금액을 할인받아 이용할

수 있도록 해주고 있다.

# 경매 왕초보도
# 도전해서 100% 성공하는 물건

    앞서 말했듯 경매 공부를 3년 정도 열심히 했기에 법원에 소송을 진행해서 판사의 판결을 받아야 판단이 설 정도의 어려운 법률적 상황을 제외하곤 어느 정도 법적인 지식도 두루 섭렵했다. 이런 지식과 투자 경험으로 지금은 법률적으로 아주 어려워하는 물건이 없지만, 초보자였던 당시에는 전혀 엄두도 내지 못했다. 알고 있는 지식도 '과연 내가 제대로 판단하고 있는 것일까?', '내가 중요한 부분을 놓치고 실수하는 것은 아닐까?', '내가 한 권리분석이 틀리면 어떡하지?' 등 매각명세서의 작의 내용도 나를 불안하게 만들었다.

    그래서 매각명세서상에 아무런 내용도 기재되지 않은, 즉 깨끗한 물

> 임차인이 이사를 해야 하는데, 집주인으로부터 임대차보증금을 돌려받지 못
> 할 경우에 그 보증금을 받기 위하여 설정하는 권리. 임차권을 설정하면 이사
> 해도 임차인의 대항력은 유지된다.

건만 보았다. 등기부 등본상에도 매각으로 무조건 말소되는 (가)압류,
(근)저당 등 두 가지 권리만 있는 물건을 선택했다. 가등기·가처분 등
때에 따라 말소가 되지 않는 권리, 매각명세서에 기재된 '토지별도등
기·대지권 미등기·유치권 성립 여지 있음' 등 필자가 권리분석으로 충
분히 해결할 수 있는 문제도 그냥 제외했다.

후에 몇 번의 낙찰로 권리분석에 자신이 생긴 후로는 법정지상권, 유
치권, 토지별도등기, 선순위가등기, 가처분 등 특수한 내용이 있는 물건
도 많이 했지만, 이 당시에는 전혀 엄두가 나지 않았다. 초보자라면 굳
이 처음부터 어려운 물건에 도전할 필요가 없다. 쉽고 안전한 물건으로
도 얼마든지 낙찰받고 수익을 실현할 수 있으니, 처음에는 쉬운 물건부

| 순위 | 성립일자 | 권리자 | 권리종류(점유부분) | 보증금금액 | 신고 | 대항 | 참조용 예상배당여부 (최저가기준) |
|---|---|---|---|---|---|---|---|
| 1 | 전입 2008-06-02 확정 없음 배당 없음 | 갑 | 주거임차인 | | X | 없음 | 현황조사 권리내역 |

● 임차인(별지)점유

**건물 등기 사항** ▶ 건물열람일 : 2010-05-31

| 구분 | 성립일자 | 권리종류 | 권리자 | 권리금액 | 상태 | 비고 |
|---|---|---|---|---|---|---|
| 갑1 | 1999-12-24 | 소유권 | 홍익 | | 이전 | 보존 |
| 갑12 | 2006-03-07 | 소유권 | 삼 | | 이전 | 매매 |
| 을7 | 2006-03-07 | (근)저당 | 국 | 57,800,000원 | 소멸기준 | (주택) 소액배당 3000 이하 1200 (상가) 소액배당 2900 이하 750 |
| 을9 | 2008-06-02 | 주택임차권 | 갑 | 20,500,000원 | 소멸 | 전입: 2008-06-02 확정: 2008-06-02 |
| 갑13 | 2009-11-04 | 강제경매 | 갑 | 청구: 20,500,000원 | 소멸 | |

터 도전해보자.

이 건은 등기부 등본상 권리 내용에 특별한 것이 없다. 2006년에 은행에서 최초 근저당을 설정했고, 이후 임차인이 전입했다. 그리고 임차인은 임대차보증금을 돌려받지 못해 주택임차권을 설정하고 퇴거를 한 것으로 보인다. 매각명세서 요약사항에도 소멸하지 않는 등기부 권리나 특별한 내용이 없다. 낙찰받으면 권리상 아무 문제도 되지 않는 평범하고 쉬운 물건이었다. 주택임차권을 설정했다는 얘기는 다른 곳으로 이사했다는 것이니 그동안 밀린 관리비가 얼마나 될지 꼭 확인해야 했다.

### 경매 고수의 노하우 ── 10분에 끝내는 권리분석

경매 초보 때는 굳이 어려운 물건을 할 필요가 없다. 권리분석도 쉽게, 명도도 비교적 편안한 것으로, 낙찰률이 높은 물건을 선택하면 심리적 부담감이 줄어든다. 경매로 낙찰받아도 모두 말소되거나 특이한 사항 없이 안전하게 취득할 수 있는 10분 만에 끝낼 수 있는 가장 간단한 권리분석에 대해 알아보자. 이 세 가지만 지키면 문제될 일이 없다.

#### ① 등기부 등본상 권리가 (근)저당, (가)압류로만 이루어진 물건

이들 권리는 아무리 많이 설정되어 있어도 모두 말소가 될 것들이다. 각종 선순위 특수물건, 피해야 할 후순위 가처분 등 아예 생각할 필요가 없다.

## ② 임차인의 권리가 제일 빠르지 않은 것

임차인이 근저당이나 가압류 등 다른 권리보다 빠르면 전액 배당받을 때까지 명도를 거부할 수 있으며 세금이나 밀린 임금 등에 의해 낙찰자가 인수해야 할 금액이 상상도 못 할 정도로 큰 때도 있다. 그러니 근저당이나 가압류 이후 임차인이 전입한 물건만 선택하자.

## ③ 매각명세서상 특이한 사항이 있는 물건은 제외

토지별도등기, 대지권미등기, 건물만 매각, 토지만 매각, 유치권 신고 있음, 법정지상권 성립 여지 있음, 낙찰 시 소멸되지 않는 권리 있음 등 이런 내용이 있는 물건은 피하자. 초보자가 진행하기에는 절차가 복잡하고 자칫하면 큰 손해를 볼 수도 있다. 그러니 매각명세서상 특이사항이 없는 물건만 선택하자.

위의 세 가지 사항만 확인하면 권리분석이 끝난다. 경매로 낙찰받아도 안전한 물건이니 초보자들도 권리분석을 어려워할 필요가 없다. 위에서 제시한 세 가지 사항에 부합하는 물건은 무척 많다. 이 중에서 골라 수익성을 따져보고 입찰을 고려하면 된다.

부동산의 등기부 등본을 확인할 때는 부동산의 종류에 따라 발급받아 확인해야 하는 등기부 등본이 다르다. 등기부 등본의 종류에는 크게 토지 등기부 등본과 건물 등기부 등본, 집합 건물 등기부 등본이 있다. 아파트와 다세대, 연립주택 같은 토지와 건물을 일체로 보는 건물은 집합 건물 등기부 등본을 확인하면 된다. 반면 토지와 건물을 별개로 보는 단독 주택, 다가구 주택(원룸 등), 근린주택일 때는 건물 등기부 등본과 토지 등기부 등본을 모두 발급받아 내용을 확인해야 한다.

# 법률 공부보다 어려웠던
# 초인종 누르기

경매를 처음 접했을 때, 모든 현장 조사는 대중교통을 이용했다. 교통편이 얼마나 편리한지, 주변 환경은 괜찮은지, 편의시설은 가까운 거리에 있는지 등 입지를 파악하기 위함이었다.

이 경매 사건도 버스를 이용하여 조사했는데 버스정류장에 내려 5분정도 걷다 보니 아파트 입구가 나왔다. 경매에 나온 아파트는 입구에서 두 번째 동으로 걸어서 다니기에 큰 불편함이 없어 보였다. 경매 물건이 2층이라 거실 쪽에서 보면 혹시 안쪽이 보일까 싶었지만, 블라인드로 가려있어 내부가 보이지 않았다. 해당 아파트로 가서 초인종을 눌렀다. 시간 간격을 두고 세 번 정도 눌렀는 데, 역시나 아무런 인기척이 없었다.

이 아파트는 임차인이 보증금을 돌려받지 못해 '주택임차권'을 설정하고 이사했으니 당연히 집에 아무도 거주하지 않으리라 예상했었다. 옆집에 초인종을 눌렀으나 역시 인기척이 없었다. 몇 집을 방문한 끝에 할머니가 문을 열어 주셨고 잠시 대화를 나눌 수 있었다.

"할머니, 제가 매물로 나온 집을 보러 왔는데, 집에 아무도 안 계시네요. 혹시 집 내부 좀 볼 수 있을까요?"

"제가 멀리서 와서 또 시간 내서 보러오기 쉽지 않아서요."

"사시는 데 특별히 불편한 건 없으세요?"

"아파트 하자 같은 건 없나요?"

"아파트 관리는 잘 되나요?"

이렇듯 약 10분이 넘게 대화를 나누고 고맙다는 인사를 한 후 헤어졌다. 경매를 해 본 사람들은 알겠지만, 경매 물건지에 가서 이렇게 대화한다는 것이 결코 쉬운 일은 아니다. 점유자나 인근 주민과 얘기한다는 것은 무척 어렵다. 이 사건 부동산에 방문할 즈음에는 현장 조사만 열 번 넘게 도전했으니 조금은 자연스럽게 대화가 된 것이지, 필자도 처음에는 초인종조차 누르지 못하고 그냥 돌아오곤 했다.

할머니와 헤어지고 나서 아파트 관리 사무소에 방문했다. 미납관리비가 있는지, 언제 이사 갔는지, 혹시라도 이사 가며 남겨 놓은 짐이 있는지를 문의했다. 이사한 시점부터 약 6개월 밀린 관리비가 있다고 했다. 그런데 입찰 여부를 고민하게 하는 말을 했다.

"그런데, 조만간 약 스무 채 정도 경매로 더 나올 거예요."

"예? 그게 무슨 말씀이세요?"

"그 아파트 주인이 주택임대사업자인데 사업이 망해서 보유하고 있는 거 모두 경매로 진행될 예정이거든요."

"아, 알겠습니다. 좋은 정보 감사합니다."

정황으로 보건대 집주인은 주택임대사업자로 약 20채 정도의 아파트를 소유했는데, 모든 아파트를 담보로 대출을 실행하고 보증금을 최대한 많이 받기 위해 전세로 임대를 하였다.

그래서 담보대출 이자는 고스란히 집주인의 부담으로 작용했다. 아마도 시세가 오르면 그 차익으로 수익을 실현할 생각이었던 것 같은데 이 단지는 몇 년째 가격이 오르지 않아 자금의 압박을 받았고 대출이자를 감당하지 못해 20여 채의 아파트가 모두 경매로 나온 것으로 보였다.

 **알아두면 좋은 경매 상식 × 미납관리비 인수 여부**

아파트의 미납관리비는 원래는 전 점유자가 납부해야 하는 비용인데 집이 경매에 처해지니 납부를 잘 안하는 사람이 많다. 이때 이 비용은 어떻게 처리해야 할까? 법적으로 정해진 것은 없으나 다음과 같이 생각하면 된다.

공동주택의 관리비는 공용 부분과 전용 부분으로 나눠서 생각할 수 있다. 통상 공용 부분은 아파트 복도, 엘리베이터, 경비 인건비 등이 있는데 이 부분은 낙찰자가 인수한다. 전용 부분은 개인이 사용한 전기료, 수도료, 가스료 등이 있는데 이 부분은 인수하지 않는다.

※참고로 미납관리비 중 미납에 따른 연체비는 납부하지 않아도 된다.

갑자기 생각지도 못한 복병의 출현에 당황하며 시세 조사하러 중개업소로 향했다.

경매 고수의 노하우 **현장 조사 쉽게 하는 법**

입찰을 결심하고 현장 조사를 다니던 시절, 처음 몇 번은 인천으로 다녔다. 당시 인천에 저렴한 다세대 주택이 경매 사건으로 많이 나왔기 때문이었다. 대전에서 인천까지 왕복 다섯 시간. 그 많은 시간과 경비를 투자하고 점유자 얼굴 한 번 못 보고 번번이 그냥 돌아왔다.

점유자와 마주하는 자체가 부담스러웠고, 왠지 점유자가 화를 낼 것만 같았으며, 괜히 내가 미안한 마음도 들었다. 심리상태가 이러하니 집 근처까지 가서도 초인종 한 번 못 누르고 집 주변을 맴돌기만 하다 돌아올 뿐이었다. 그렇게 세월만 보내다 이러면 안 되겠다 싶어 큰 용기를 내어 초인종을 눌렀고, 첫 대면에는 무엇을 물어봐야 할지도 잊은 채 더듬거리다 돌아왔다.

몇 번의 도전 끝에 자연스럽게 질문도 하게 되었으며, 가끔은 집에서 차도 같이 마시며 30분 정도의 얘기를 나누기도 한다. 이렇게 되기까지 많은 시도와 도전이 있었지만, 곰곰이 생각해보면 현장에서 사람을 만나 이야기를 나눈다는 것이 그리 어려운 것이 아니라는 생각도 든다.

점유자가 소유자이거나 임차보증금을 전부 배당받지 못하는 임차인일 때는 문도 열어주지 않거나 대화도 안 하려는 사람도 있지만, 예상외로 문도 잘 열어주고 편하게 대해주는 사람도 많다. 너무 겁낼 필요는 없다. 그리고 만약 점유자가 집주인이거나 배당을 아예 못 받는 임차인이라 방문하기가 꺼려진다면 옆집을 방문하면 된다.

필자는 수강생들에게 경매 주택의 점유자를 만나는 것이 부담스럽다면 이웃집을 방문하라고 권한다. 집 보러 왔는데 사람이 지금 없는 것 같으니 혹시 내부 구조만 잠깐 볼 수 있느냐, 특별한 하자는 없느냐며 물어보면 대부분이 친절히 대해 준다. 그러면서 자연스럽게 경매 주택에 거주하는 점유자에 대해서도 묻기도 하고 여러 정보를 얻을 수도 있다.

만일 경매사건의 주택이 1층이거나 아랫집에도 사람이 없다면, 윗집, 옆집 사람을 만날 수 있을 때까지 초인종을 눌러보자. 처음 한 번이 어렵지, 누르면 누를수록 점점 익숙해지고 자연스러워진다. 너무 겁먹을 필요는 없다.

현장 조사 시 주의할 점은 두 가지가 있다. 단독 주택이나 다세대 주택은 되도록 해당 주택 내부를 보는 게 좋다. 아파트보다 관리가 허술한 곳이 간혹 있어 예상치 못한 하자가 있을 수도 있다. 경매사건이 1층일 때와 빈집일 때가 있는데 아파트의 1층일 때는 대부분 커다란 하자가 없다. 그러나 다세대 주택일 때는 종종 큰 하자가 있곤 한다.

보통 개인 건축업자가 한 동을 짓고 분양하는 일이 많은데 공사를 허술하게 할 때가 있기도 하다. 다세대 주택도 여러 동을 같은 이름으로 한 곳에 짓고 분양할 때에는 그나마 낫지만 한 동만 있는 다세대 주택의 1층 물건은 되도록 내부를 확인하는 것이 좋다. 다세대 주택이나 단독 주택이 빈집일 때 꼭 내부를 확인하거나 인근 주민에게 주택에 문제가 없는지 철저히 파악해야 한다.

# 현장과 무관하면
# 의미가 없는 시세 조사

이 사건 부동산은 약 600세대로 지어진 아파트로, 단지의 규모는 그리 작지 않았지만 외진 곳에 지어져 유동인구가 그리 많은 지역이 아니었다. 그래서 중개업소도 대로변에 하나, 아파트 상가에 하나, 이렇게 두 개밖에 없었다. 먼저 대로변의 중개업소부터 방문했다.

출입문에는 '토지개발'과 '땅 전문'이라는 문구가 붙어 있었는데, 당시 주변의 개발 열기를 보여주는 듯했다. 문을 열고 들어서는데 50대 정도 되어 보이는 남성이 컴퓨터 게임을 하다가 바라보았다.

해당 아파트의 시세가 궁금하다며 문의했는데 너무 초라해 보여서였는지, 아니면 소액 아파트 하나 중개해 봐야 수입이 얼마 되지 않아서였는지 대답하기 귀찮아하는 눈치였다. 그러더니 아파트에 대해 부정적인 애기들만 늘어놓았다.

"요즘 경기가 계속 안 좋아져서 거래가 잘 성사되지 않아요."

"저렴하게 내놓아도 거래가 잘 안 될까요?"

"저렴하더라도 찾는 사람이 있어야 거래가 되죠!"

중개업소 사장님의 불친절한 태도로 기분이 별로 안 좋았다. 나중에 이 중개업소 사장이 경매로 나오는 물건을 가족이 직접 낙찰받게 하려 했다는 사실을 알게 됐다. 이 중개업소에서는 더 문의해 봐야 정확한 정보를 얻기 힘들겠다는 생각이 들었다. 이 중개업소를 나와 아파트 상가에 위치한 중개업소에 방문했다.

30대 중반쯤으로 보이는 젊은 여성분이 밝게 맞아 주셨다. 여기 사장님은 아파트가 입주할 때부터 영업하던 분으로 해당 아파트 단지는 임대수익 목적으로 소유한 사람이 많다고 했다. 이 중개업소에서는 왠지 경매 물건이라고 솔직히 말하고 정보를 얻고 싶어졌다. 대답을 잘해줄 것 같은 느낌이 들었기 때문이었다.

"이 아파트 경매로 나온 거 보고 조사 나왔는데요."

"몇 동 몇 호가 나왔죠?"

"관리사무소에 얘기 들어보니 전부 스무 채 정도 나올 거라던데, 지금 경매로 진행되는 건 104동 209호 밖에 없거든요."

"맞아요, 아마도 앞으로 스무 채 정도 진행될 거예요."

"그렇군요. 거래는 잘 되나요?"

"매매는 많이 이루어지지는 않지만 가끔 있고요, 임대는 잘 나가죠. 여기는 삼성 협력 업체가 많이 들어와 있어요. 그래서 직원용 숙소로 많이 이용되고 있죠."

경매로 나온 아파트에 관해 얘기하니 현재 매매는 많이 이루어지지 않지만, 월세는 잘 나간다고 하였다. 중개업소 사장님은 보유한 30개 정도의 막도장(저렴한 나무도장)을 보여주며 임대수입이 꽤 괜찮기에 많은 사람이 집을 사서 월세로 놓는다고 했다. 더불어 매매와 달리 이 아파트의 임대 시세는 저층이나 로열층이나 임대료가 조금 밖에 차이가 나지 않는다고 했다.

한 업소는 너무 부정적으로 말하고, 다른 한 업소에서는 반대로 상당히 긍정적으로 말하니 혼란스러웠다. 국토교통부 실거래가와 비교하며 오랜 시간을 고민한 결과, 저렴하게만 낙찰받으면 임대든 매도든 충분히 수익을 올릴 수 있겠다는 생각이 들어 이번 회차에 입찰하기로 마음을 굳혔다.

**경매 고수의 노하우** **시간과 경비를 아끼는 시세 조사 요령**

권리분석보다 더 중요한 것이 시세 조사이다. 권리분석을 제아무리 잘해도 시세 조사를 제대로 하지 못하면 자칫 급매물보다 더 비싸게 낙찰받는 상황이 생길 수 있기 때문이다.

실제 많은 사람이 시세 파악을 잘못해 곤경에 처하거나 잔금을 미납하기도 한다. 그만큼 시세 파악이 쉽지 않은 것이 현실이다. 정확한 시세 파악을 위해서는 경매물건 주변의 중개업소를 활용하는 것이 가장 좋은데, 본인이 거주하는 집 근처 이외의 부동산 중개업소는 관심이 갈 때마다 방문하기 어렵다. 특히 직장생활을 하는 사람은 현장 방문이 가능한 시간은 보통 주말밖에 없기에 이 시간을 최대로 활용하기 위해 평일에 미리 준비해야 한다.

입찰하기 괜찮아 보이는 물건이라고 시세 파악을 위해 모든 사건을 조사 나갈 수는 없으니 현장에 방문하기 전 수익을 내기 어려워 보이는 물건은 사전에 제외하여야 한다.

그렇게 하기 위해서는 본인이 예상하는 낙찰가와 매도 가능한 금액을 대충 예상하고 원하는 수익이 발생하기 위한 시세가 형성되어 있는지 사전에 조사해야 한다. 그 방법에 대해 알아보자.


**① 사전 조사는 인터넷을 이용한다.** 네이버 부동산, 직방, 다방 등에 올라온 매물을 조회하고, 경매물건과 같은 조건의 물건이 있는 중개업소나 실 거래자와 통화를 하여 실제 매물인지 확인한다.

인터넷에 올라온 매물의 많은 수가 허위 매물이라는 정부의 조사발표가 있으니, 인터넷의 내용이 실제 가격으로 오인하면 안 된다. 이때 조사된 시세는 정확한 시세가 아니라 참고하는 정도로 생각해야 한다.


**② 생활신문을 이용한다.** 지방마다 〈벼룩시장〉이나 〈교차로〉 등 지역에서 발행되는 무료 신문이 있다. 규모가 제법 있는 업체는 인터넷으로도 물건 검색이 가

능하다. 그중 중개업소에서 광고하는 매물의 시세를 파악하는 것도 좋지만, '주인 직접'이라고 기재 된 매물이 시세 판단하기 가장 좋다. 실제 주인과 통화하며 부동산의 자세한 내용과 매수 가능한 최소 가격까지 알 수 있다.

**③ '국토교통부 실거래가'는 참고만 한다.** 많은 사람이 여기에 기재된 가격이 실제 시세로 알고 있다. 기재된 가격은 부동산 거래 당사자의 '신고가격'이지 '실제 거래가격'이 아님을 명심해야 한다.

업·다운 계약(실제 거래가격보다 높거나 낮게 신고하는 행위), 대물변제(공사비를 건물로 대신 주는 것) 등 여러 사정으로 인해 실제 거래되는 가격과 다르게 신고될 수도 있으니 '국토교통부 실거래가'를 실제 시세로 판단하지 말고 참고만 하기 바란다.

이런 방법들로 사전에 급매 가격을 조사한 후 현재 진행되는 가격으로 입찰해도 수익이 나겠다는 생각이 들면 그때 현장에 방문해서 철저히 시세 조사를 해야 한다. 그러면 시간과 경비를 절약할 수 있다.

중개업소는 최소 세 군데 정도 방문하는 것이 좋다. 이때 매수인 입장, 매도인 입장에서 문의하는 것이 좋다. 매도인 입장에서 방문할 때는 평형, 방향, 구조 등 사전에 조사하고 방문해야 한다. 자기 집을 매도한다면서 구조도 모르면 거짓 문의라는 것이 들통나고 민망해진다. 질문이 어설프면 중개업소에서는 경매물건 때문에 방문한 지 대번에 눈치챈다. 이럴 땐 무조건 부정할 것이 아니라 낙찰받으면 좋은 조건에 내놓을 테니 부탁드린다고 하면 대부분 친절히 잘 설명해준다.

# 적절한 입찰 금액은 과연 어떻게 결정할까

최종적으로 입찰을 결정했지만 문제는 입찰가를 결정하는 일이었다. 앞으로 경매 물건이 스무 가구 정도 나오겠지만 월세 수요가 꾸준히 있으므로 가격이 그리 낮게 형성되지 않을 것으로 판단되었다. 그렇지만 매도를 생각하면 2층이라 중간층보다는 조금 저렴하게 낙찰받아야 급매로 팔아도 손해 보지 않을 것이라 여겨졌다. 그래서 보수적으로 접근해서 5천9백만~6천만 원 정도에 매도가 가능하리라 보고 계산했다.

당시 단기 투자 양도세율은 무려 50%나 되었다. 지방소득세까지 포함하면 55%나 납부해야 했다. 즉, 부동산을 매수 후 1년 안에 매도했을 때 1천만 원의 양도수익이 발생했다면 550만 원을 세금으로 내야 한다는 말이다. 이 아파트를 단기투자로 400~500만 원 정도 수익을 내려면 약 4천6백~4천9백만 원 정도 입찰해야 한다는 말인데, 워낙 임대수익이 높아 이 가격에는 절대 낙찰받지 못할 것으로 생각되었다. 임대수익률을 계산해 보았다.

| 낙찰가격<br>(단위:만 원) | 4900 | 5200 |
|---|---|---|
| 임대수입 | 4900<br>+250(취득세 및 경비)<br>=5150<br>-3840(대출 80%)<br>-500(보증금)<br>=810(실투자금)<br>월세수입 420(월 35만 원)<br>연간 이자 192(5%)<br><br>실투자금 810만 원에<br>연 228만 원 수익 | 5200<br>+300(취득세 및 경비)<br>=5500<br>-4160(대출 80%)<br>-500(보증금)<br>=840(실투자금)<br>월세수입 420(월 35만 원)<br>연간 이자 208(5%)<br><br>실투자금 840만 원에<br>연 212만 원 수익 |
| 연 수익률 | 28.1% | 25.2% |

5천2백만 원에 낙찰받아도 최소 연 25%의 임대수입이 생긴다. 즉, 4년만 보유하면 원금을 모두 회수할 수 있다는 계산이다. 이 당시 적정 임대수익이 5~7%인 점을 고려하면 최소 5배 이상의 임대 수입을 얻을 수 있다는 계산이 나온다.

입찰가격을 더 높여 써도 충분한 임대 수입이 발생하겠지만 5천2백만 원보다 많이 높이면 시세가 단기 하락하거나, 만일 단기로 매도해야 하는 경우에 손실이 발생할 수도 있으니 최대한 보수적으로 입찰하기로 결심했다. 그래서 결정한 가격이 5,233만 원이었다.

### 알아두면 좋은 경매 상식 × **수익률 계산법**

수익률 = 연간 총 수입 / 총 투자비용 × 100
  = [(월세 × 12개월)-연간 은행이자] / [매수가격-(보증금+대출금)] × 100
※세금이나 수리비를 매수가격에 포함하면 더 정확한 수익률이 계산된다.

은행에 보증금을 준비하러 갔다. 1회 유찰되어 최저매각 가격이 4,480만 원이니 보증금은 448만 원. 100만 원짜리 수표로 5장을 인출했다. 예전에 입찰 당일 법원 근처 은행에서 보증금을 찾아 입찰하려 했다가 입찰 마감 시간을 넘겨 입찰 봉투를 제출하지 못한 적이 있었다. 그 이후로는 무조건 입찰 전날 은행에서 수표로 미리 보증금을 준비하게 됐다.

종종 입찰가를 잘못 기재해서 자신도 모르게 10배 높은 금액으로 입찰하거나, 무효처리가 되는 일이 있다. 그래서 보통 기일입찰표를 입찰장에서 작성하지만 필자는 집에서 입찰 전날에 미리 작성한다. 그러면 숫자를 잘못 기재하거나 입찰가를 올려 쓰고 싶은 충동에서 벗어날 수 있다. 경매 입문 시절에는 각 법원에 갈 때마다 입찰표와 봉투를 몇 장씩 받아오곤 했는데, 나중에 A4 용지에 직접 출력해서 제출해도 된다는 것을 알고는 지금은 필요할 때마다 직접 출력해서 제출하고 있다.

※기일입찰표는 메이저 경매 카페(https://cafe.naver.com/majorauction)에서도 무료로 출력이 가능하다.

기일입찰표 다운로드

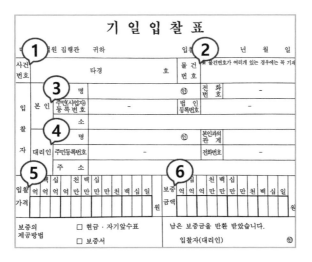

① **사건번호** : 매각물건의 사건번호를 정확히 기재

② **물건번호** : 물건번호가 있을 때만 기재

③ **본인** : 매수희망자의 인적사항 기재(매수희망자가 입찰할 경우)

④ **대리인** : 매수희망자 대신 대리인이 입찰할 때 기재 대리인 자격으로 입찰할 때는 기일입찰서 뒷면의 위임장도 작성해야 함(대리인이 입찰할 때는 매수 희망자의 인적 사항을 본인란도 함께 기재. 즉, 본인과 대리인을 모두 작성)

⑤ **입찰가액** : 매수하고 싶은 가격을 잘못 적었다고 두 줄로 긋거나, 수정 후 다시 적으면 무효 처리되니 숫자를 잘못 기재했다면 새로 작성해야 한다.

⑥ **보증금액** : 법원에서 공고한 입찰보증금액을 기재

앞 페이지의 그림에서 보듯이 '입찰가격'란이 단위마다 한 칸씩 그려져 있다. '억, 천만, 백만, 십만…' 이렇게 일일이 구분되어 있으니 입찰 금액을 잘못 적는 실수는 안 할 것 같지만, 생각보다 많은 사람이 입찰 금액을 10배나 높여 적어서 제출한다. 낙찰의 자격이 주어졌으나 생각한 금액보다 10배나 비싸게 살 수는 없으니 당연히 잔금은 미납하고 입찰보증금을 몰수당한다. 그러니 되도록 기일입찰표는 전날에 미리 작성해서 실수하는 일이 없도록 하자.

## 기 일 입 찰 표

대전지방법원 집행관 귀하                     입찰기일 :    년   월   일

| 사건<br>번호 | 타경 | 호 | 물건<br>번호 | ※ 물건번호가 여러개 있는 경우에는 꼭 기재 |

| 입<br>찰<br>자 | 본인 | 성 명 | | ㉙ | 전화<br>번호 |
| | | 주민(사업자)<br>등록번호 | | 법인<br>등록번호 | |
| | | 주 소 | | | |
| | 대리인 | 성 명 | | ㉙ | 관계 |
| | | 주민등록번호 | | 전화번호 | |
| | | 주 소 | | | |

| 입찰<br>가격 | 천<br>억 | 백<br>억 | 십<br>억 | 억 | 천<br>만 | 백<br>만 | 십<br>만 | 만 | 천 | 백 | 십 | 일 | 원 | 보증<br>금액 | 백<br>억 | 십<br>억 | 억 | 천<br>만 | 백<br>만 | 십<br>만 | 만 | 천 | 백 | 십 | 일 | 원 |

| 보증의<br>제공방법 | □ 현금·자기앞수표<br>□ 보증서 | 보증을 반환 받았습니다.<br>입찰자(대리인)           ㉙ |

※ 주의사항

1. 입찰표는 물건마다 별도의 용지를 사용하십시오, 다만, 일괄입찰시에는 1매의 용지를 사용하십시오.
2. 한 사건에서 입찰물건이 여러개 있고 그 물건들이 개별적으로 입찰에 부쳐진 경우에는 사건번호외에 물건번호를 기재하십시오.
3. 입찰자가 법인인 경우에는 본인의 성명란에 법인의 명칭과 대표자의 지위 및 성명을 주민등록번호란에 입찰자가 개인인 경우에는 주민등록번호를 법인인 경우에는 사업자등록번호를 기재하고, 대표자의 자격을 증명하는 서면(법인의 등기부 등본)을 제출하여야 합니다.
4. 주소는 주민등록상의 주소를, 법인은 등기부상의 본점 소재지를 기재하시고, 신분확인상 필요하오니 주민등록증을 꼭 지참하십시오.
5. 입찰가격은 수정할 수 없으므로 수정을 요하는 때에는 새 용지를 사용하십시오.
6. 대리인이 입찰하는 때에는 입찰자란에 본인과 대리인의 인적사항 및 본인과의 관계 등을 모두 기재하는 외에 본인의 위임장(입찰표 뒷면을 사용)과 인감증명을 제출하십시오.
7. 위임장, 지참인장 및 기타 서류는 낱장으로 간추려서 보관하십시오.
8. 일단 제출된 입찰표는 취소, 변경이나 교환이 불가능합니다.
9. 공동으로 입찰하는 경우에는 공동입찰신고서를 입찰표와 함께 제출하되, 입찰표의 본인란에는 "별지 공동입찰자목록 기재와 같음"이라고 기재한 다음, 입찰표와 공동입찰신고서 사이에는 공동입찰자 전원이 간인하십시오.
10. 입찰자 본인 또는 대리인 누구나 보증을 반환 받을 수 있습니다.
11. 보증의 제공방법(현금·자기앞수표 또는 보증서)중 하나를 선택하여 □란을 기재하십시오.

## 위 임 장

| 대<br>리<br>인 | 성 명 | | 직 업 | |
| | 주민등록번호 | | - | 전화번호 | |
| | 주 소 | | | |

위 사람을 대리인으로 정하고 다음 사항을 위임함.

## 다 음

대전지방법원      타경      호 부동산

경매사건에 관한 입찰행위 일체

| 본<br>인<br>1 | 성 명 | | ㉙ | 직 업 | |
| | 주민등록번호 | | - | 전화번호 | |
| | 주 소 | | | |

| 본<br>인<br>2 | 성 명 | | ㉙ | 직 업 | |
| | 주민등록번호 | | - | 전화번호 | |
| | 주 소 | | | |

| 본<br>인<br>3 | 성 명 | | ㉙ | 직 업 | |
| | 주민등록번호 | | - | 전화번호 | |
| | 주 소 | | | |

※ 본인의 인감증명서 첨부
※ 본인이 법인인 경우에는 주민등록번호란에 사업자등록번호를 기재

## 대전지방법원 귀중

기일입찰표(앞면)와 위임장(뒷면)

# 입찰 봉투를 제출 시 주의해야할 것

아침밥을 일찍 먹고 기일입찰표와 입찰보증금, 신분증과 도장을 준비해 고속버스를 타고 천안으로 갔다(아산 소재지 부동산은 대전지방법원천안지원에서 진행한다). 이 당시 천안지원은 고속버스터미널에서 도보로 약 10분이면 갈 수 있기에 항상 고속버스를 이용했다. 경비도 절약되고 가는 길에 독서도 가능하기 때문에 나는 지금도 토지 투자할 때를 제외하곤 대중교통을 주로 이용하는 편이다.

10시 30분쯤 대전지방법원 천안지원에 도착했다. 경매 입찰장에 도착하고 보니 사람이 얼마나 많은지 발 디딜 틈조차 없었다. 도착하자마자 법원 게시판에 내가 입찰하려는 물건이 '변경'이나 '연기', 또는 '취하'

로 진행되지 않는지 확인했다.

 **알아두면 좋은 경매 상식** × **입찰 준비물**

· 본인 입찰시 - 신분증, 입찰보증금, 도장(아무 도장이나 상관 없음)
· 대리 입찰시 - 본인 신분증, 입찰보증금, 본인도장, 위임장, 위임자의 인감증명
  대리입찰 작성 예시는 〈메이저경매〉 카페에서 확인 가능

다행히 내가 입찰하려는 물건은 예정대로 진행되었다. 언제나 그렇듯 입찰장 앞에서는 여러 명의 대출중개인이 명함을 나눠주고 있었다. 입찰장에 여러 번 왔었지만, 그날도 떨리는 마음은 똑같았다. 잠시 후 집행관이 입찰요령과 유의사항에 관해 설명했다.

"입찰 절차를 말씀드리겠습니다."

"마지막으로 사건번호 ○○타경 ○○○○, ○○타경 ○○○○, ○○타경 ○○○○은 오늘 변경, 연기, 취하되어 진행되지 않습니다. 확인하시기 바랍니다."

"입찰은 10시 30분부터 가능하고 11시 40분 마감입니다. 마감 시간에 늦지 않게 입찰하여 주시기 바랍니다."

모든 설명이 끝나고 입찰 시간이 되자 사람들이 하나둘 입찰서를 제출하기 시작했다. 입찰서 작성대로 들어가 준비한 입찰보증금을 입찰보증금 봉투에 넣고 기일입찰표와 함께 대봉투에 넣고 도장을 찍었다. 신분증과 입찰 봉투를 들고 법대로 나갔다. 몇 번이나 입찰을 해봤지만

입찰 봉투를 제출하러 나가는 그 짧은 길을 걷는 순간에는 모두가 나를 쳐다보는 듯한 느낌에 얼굴은 벌게지고 심장은 두근거려 진정되지 않았다.

어느새 집행관 앞에 이르러 대봉투를 제출하니 신분증을 확인하고 입찰 봉투에 같은 번호를 두 번 찍고 입찰번호가 찍힌 봉투의 한쪽 끝을 뜯어서 내게 건넸다.

신분증과 제출번호가 적힌 종이를 받아 자리로 돌아왔다. 이제 낙찰받으면 입찰보증금 영수증을 받아 나오면 되고, 낙찰받지 못하면 신분증과 아까 받은 제출 번호가 찍힌 종이를 제출하면 입찰보증금을 돌려받을 것이다. 이제 마감하고 결과를 발표하기만 기다리면 된다.

| 1. 입찰 절차 설명 | 보통 10시부터 집행관이 입찰 절차 및 주의사항을 설명한다. |
| --- | --- |
| 2. 입찰표 작성 | 입찰표, 보증금 봉투, 대봉투를 받아 작성한다. |
| 3. 입찰 | 집행관의 입찰시간 안내 후 입찰서류를 가져가면 대봉투에 번호를 날인 후 주는 수취증을 받아 소지하고 입찰서류는 입찰함에 넣는다. |
| 4. 입찰 종결 | 입찰이 마감되면 낙찰자를 발표하고 낙찰받지 못한 사람은 수취증을 제시하면 입찰표를 제외한 보증금과 대봉투를 돌려주는데 이로써 입찰 절차가 끝난다. |

※입찰 시작시간과 마감 시간, 개찰 방법은 법원마다 조금씩 다르다. 그러니 입찰하려는 법원의 마감 시간 정도는 미리 확인하고 출발하는 것이 좋다(보통은 10시~10시 30분부터 입찰을 시작하고, 11시 20분 ~ 11시 40분에 마감한다).

**입찰보증금 봉투**

**입찰봉투**

입찰보증금은 입찰 전날에 수표 한 장으로 미리 준비하는 것이 좋다. 입찰 당일 오전 일찍 은행에서 출금하려다가 시간에 쫓겨 입찰하지 못하는 상황이 생길 수 있다. 또한, 현금으로 들고 다니면 분실의 위험이 있으니 수표 한 장으로 준비하는 것이 안전하다.

입찰 전날과 입찰 당일, 집에서 법원으로 출발하기 전에 입찰하려는 사건이 취소나 변경되지 않았는지 확인해야 한다. 법원에 입찰하러 가면 거의 하루를 소비하게 된다.

또한, 가까운 법원이 아니라면 경비도 만만찮게 든다. 특별한 상황을 제외하고는 취하나 변경, 연기가 되면 입찰 전날이나 당일 날 아침 일찍 대법원 경매 사이트에서 확인이 가능하다. 아쉽게도 매각 기일이 변경되면 다음을 기약하고 불필요하게 법원에 갈 필요가 없다. 그럼 시간과 경비의 낭비를 막을 수 있는데도, 법원에 가면 항상 취소된 물건에 입찰하는 사람들이 있다. 이는 나태하게 경매에 임하는 행위이다. 진행되지 않는 사건에 입찰하느라 쓸데없이 시간과 경비를 낭비하지 않을 세 번의 기회가 있다.

경매사건의 매각기일이 바뀌면 법원에서는 첫 번째로 대법원 경매사이트에 입찰 당일이나 그 전날에 공지한다.

두 번째로 법원 경매 집행실 앞에 매각기일공고란에 변동이 생긴 사건은 붉은 선으로 그어 진행되지 않음을 표시한다.

마지막으로 집행관이 경매 진행 절차를 설명하면서 당일 진행되지 않는 물건에 대해 자세히 설명한다.

이렇게 확인할 기회가 세 번이나 있었는데도, 이를 알아보지 않고 꼭 입찰하는 사람이 있다.

법원 입찰장 게시판

"김OO 씨 계십니까?"

"예, 여기요."

"해당 사건은 취하되어 오늘 진행하지 않습니다."

별거 아닌 것 같지만, 본인의 나태함으로 진행하지 않는 물건에 입찰했기 때문에 시간과 경비를 낭비하게 된 셈이다. 집에서 확인했으면 하루라는 시간과 경비를 아낄 수 있었을텐데 말이다. 또 입찰하기 전 법원 게시판에서 본인이 입찰하려는 사건이 진행하지 않는 사실을 알았다면 오전에 바로 돌아올 수 있었다. 심지어 마지막으로 집행관이 설명할 때 잘 들어서 입찰 시작 전에 돌아왔다면 오전만 시간을 버리게 되지만, 본인의 나태함으로 개찰 발표 시간인 최소 오후 1시, 늦게는 오후 3시까지 시간과 경비를 낭비하게 된 것이다. 그러니 입찰 당일 본인이 입찰하려는 물건이 예정대로 진행되는지 꼭 확인하도록 한다.

# 첫 낙찰과 함께 찾아 온
# 기쁨과 두려움

11시 40분, 입찰 마감 시간이 되어 집행관이 입찰 마감을 알리고 개찰에 들어갔다. 개찰 순서는 법원마다 다르다. 무조건 사건번호 순으로 발표하는 법원이 있지만, 대게는 한 사건에 7~10명 이상 응찰하면 그 사건부터 먼저 발표한다. 그렇게 진행하면 많은 사람이 개찰 초기에 빠져나가 경매장에 공간적으로 여유가 많이 생기니 대부분의 사람이 선호하는 방법이다.

모든 입찰 봉투를 정리하고 사건 순서대로 결과를 발표하기 시작했다. 사건마다 입찰자 수를 발표하고, 입찰자가 없어서 다음 회차로 진행하는 사건을 부른 후, 하나씩 낙찰자를 발표했다. 앞에서 몇 사건이 마무리되고, 드디어 내가 입찰한 사건 차례가 됐다.


"20○○타경 ○○○○번에 입찰한 분들 앞으로 나와 주세요."

떨리는 심정으로 앞으로 나갔다.

"김○○ 씨 5570만 원, 이명재 씨 5233만 원, 강○○ 씨 5200만 원."

'아, 역시 오늘도 떨어졌구나.'

임대수익과 함께 급매로 매도할 경우의 수도 생각했기에 낙찰받기에는 쉽지 않은 금액이라 짐작했고, 그런 나의 예상은 적중했다.

'오늘도 헛걸음했네. 난 언제나 낙찰받아 볼까?'

이렇게 생각한 순간, 다소 격양된 집행관의 목소리가 들렸다.

"아! 5570만 원에 입찰하신 김○○ 씨의 입찰은 무효입니다. 사건번호를 잘못 적으셨습니다."

내가 입찰한 사건은 전년도에 경매를 신청한 사건으로 입찰 당일은 1년이 훌쩍 지나버린 시점에 진행되었다. 그런데 최고가를 써서 제출한 김○○ 씨는 경매 사건번호를 입찰하는 해로 착각해서 적어 제출한 것이다. 얼떨결에 약 340만 원이나 적게 입찰한 내가 낙찰자가 되었다. 순간 기쁨보다 걱정이 앞섰다.

'잘못 낙찰받은 것은 아닐까?'

'내가 발견하지 못한 무슨 하자가 있는 것은 아닐까?'

'진짜 저렴한 가격에 낙찰받은 것은 맞나?'

입찰대에서 건네주는 입찰보증금 보관영수증을 받았다. 그리고 입구

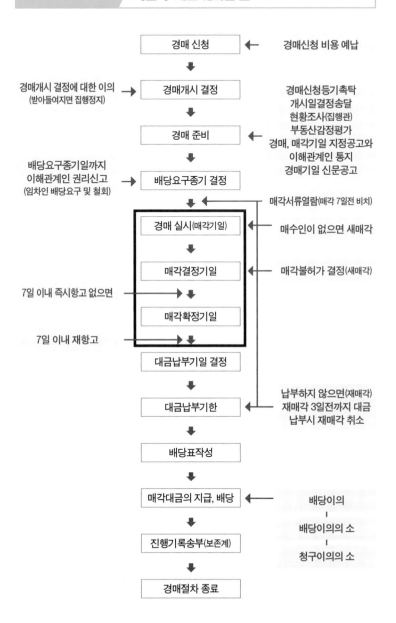

경매 신청 ← 경매신청 비용 예납

경매개시 결정에 대한 이의 → 경매개시 결정
(받아들여지면 집행정지)

경매신청등기촉탁
개시일결정송달
현황조사(집행관)
경매 준비 ← 부동산감정평가
경매, 매각기일 지정공고와
이해관계인 통지
경매기일 신문공고

배당요구종기일까지
이해관계인 권리신고 → 배당요구종기 결정
(임차인 배당요구 및 철회)

매각서류열람(매각 7일전 비치)

경매 실시(매각기일) ← 매수인이 없으면 새매각

매각결정기일 ← 매각불허가 결정(새매각)

7일 이내 즉시항고 없으면 →

매각확정기일

7일 이내 재항고 →

대금납부기일 결정

대금납부기한 ← 납부하지 않으면(재매각)
재매각 3일전까지 대금
납부시 재매각 취소

배당표작성

매각대금의 지급, 배당 ← 배당이의
|
배당이의의 소
|
청구이의의 소

진행기록송부(보존계)

경매절차 종료

에서 대출중개인이 나눠주는 명함을 양손에 가득 받아 들고 축하 인사를 받으며 법원을 나섰다.

최고가 매수신고인이 되면 1주일 후에 매각이 결정되고 매각결정 후 1주일의 이의 신청 기간이 지난 후 매각이 확정된다. 그 후 1주일간 매각 확정에 대한 항고가 없다면 잔금 납부일이 결정된다. 이때 잔금 납부일이 잡힐 때까지 최소 2주 이상의 여유 시간이 있는데 이 시간을 잘 활용하면 시간과 경비를 절약할 수 있다.

필자는 이 기간을 명도 협상에 이용한다. 그러니 최고가 매수신고인이 되어 법정을 나서는 순간 들뜬 마음과 흥분된 마음으로 정신없이 집으로 돌아올 것이 아니라 오후 시간을 최대한 활용해야 한다.

### ① 대출중개인 명함 받아오기

법정 입구에는 항상 여러 명의 대출중개인이 명함을 나눠 준다. 특히 낙찰받고 '입찰보증금 영수증'을 손에 쥐고 나오면 일제히 그 사람에게 몰려든다. 그러면 무조건 피할 필요 없이 낙찰받은 사건 번호와 전화번호를 가르쳐 주고 오자. 이들이 연결해 주는 금융회사(은행, 보험회사 등)는 수수료는 조금 높지만 시중 은행에 직접 알아보는 것보다 최대 대출 가능 금액이 더 많기도 하며 가끔은 대출이 불가능하다고 할 때, 이들이 소개해주는 곳에서는 대출이 가능한 때도 있다.

### ② 농지취득자격증명원 발급기

만약 농업인이 아닌 사람이 농지(토지의 지목이 전, 답, 과수원을 말한다)를 낙찰받았다면 농지취득자격증명원을 1주일 안에 법원에 제출해야 한다. 만약에 이 기한 내에 제출하지 않으면 낙찰은 무효처리 되고 입찰보증금은 몰수된다. 그러니 경매 절차가 모두 마무리된 후 해당 경매계를 찾아가 '최고가 매수신고인 증명'을 발급받아 해당 토지가 속한 읍, 면사무소에 방문해 농지취득자격증명원을 바로 발급받아 법원에 제출하는 것이 좋다. 발급 기준이 신청 후 4일 이내 처리하게 되어 있지만 사정을 얘기하고 재촉하면 당일에도 발급할 수 있다.

### ③ 낙찰받은 부동산 방문

최고가 매수신고인이 되었지만, 아직 매각결정이 난 것도 아니다. 소유자는 더더욱 아니지만 미리 방문하게 되면 많은 이점이 있다.

첫째, 점유자의 성향을 미리 파악하여 차후 명도 과정에서 진행해야 할 방향에 대해 미리 준비할 수 있다.

둘째, 낙찰 후 부동산에 방문해서 낙찰자임을 밝히면 대부분 문을 열어 주며, 대화를 하게 된다. 이때 예상치 못했던 하자나, 확인하지 못했던 권리분석의 오류를 발견할 수도 있다. 그럼, 매각결정이 나는 1주일 동안 매각 불허가 신청을 해야 하

 알아두면 좋은 경매 상식 × **낙찰자가 되면 받는 것**

경매 절차에서 최고가를 써서 최고가매수신고인이 되면 '입찰보증금보관영수증'을 준다. 농지취득자격증명이 필요하지 않으면 이 영수증만 받고 돌아오면 된다. 만약 농지취득자격증명을 발급받아야 한다면 경매를 진행한 경매계에서 '최고가 매수신고인 증명'을 발급받아야 한다.

며, 만약 매각결정이 났다면 '매각결정이의' 신청을 통하여 매각이 취소되도록 노력해야 한다.

간혹 다른 이들이 얘기하는 것처럼 잔금 납부 후에 방문한다면 이런 하자나 실수를 발견하더라도 '소 잃고 외양간 고친다'라는 속담처럼 사고를 수습할 방법이 없어진다. 손해를 고스란히 낙찰자가 감수해야 한다. 그러니, 낙찰 후 바로 해당 부동산을 방문하는 것이 여러모로 낙찰자에게 유리하다.

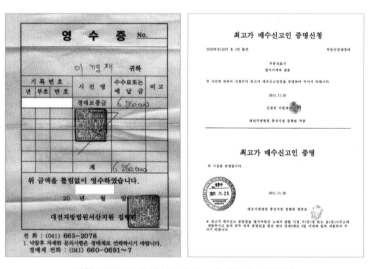

입찰보증금 보관 영수증과 최고가 매수신고인 증명

# 점유자와의 첫 만남 이렇게 하면 된다

입찰가격 1등의 입찰 무효라는 예상치도 못한 돌발 상황으로 낙찰받은 나는 첫 낙찰이라는 막연한 두려움과 '괜히 잘못 받은 것은 아닌가' 하는 생각에 머릿속이 엉킨 실타래처럼 복잡하기만 했다. 사전에 조사했지만, 다시 알아볼 겸 이전 임차인을 만나기 위해 아파트에 가기로 마음먹었다. 점심을 간단히 먹고 버스를 기다렸다.

지금은 스마트폰으로 버스가 오는 시간에 맞춰 기다리면 되지만 당시에는 버스를 무작정 기다려야 했다. 한 20분 정도를 기다려 버스에 탔다. 아파트 단지로 가는 내내 '잘못 낙찰받은 것은 아니겠지?', '명도는 어떻게 처리해야 하지?', '내부를 못 봤는데, 큰 하자는 없나?', '생각한 대로 수익이 날까?' 등등 불안한 마음에 온갖 잡생각이 계속 떠올랐다. 버스가 아파트 근처에 다다랐고 이내 버스에서 내렸다.

'아파트가 104동 209호였지?'라고 생각하며 다이어리를 보려는 순간 너무 놀랐다. 경매를 시작하며 1년 넘게 손에서 놓지 않았던 다이어리를 실수로 버스에 놓고 내렸던 것이다. 다이어리에는 그동안 조사했던 자료부터 시작하여 현금, 카드 등 나의 모든 것이 담겨 있었다. 만약 여기서 다이어리를 잃어버리면 집에 갈 차비도 없어지는 상황이었다. 무작정 택시를 찾았다. 다행히 3분 만에 택시를 잡을 수 있었다.

"기사님, 이쪽으로 가 주세요. 앞서가고 있는 버스를 잡아야 해요."

어리둥절해 하는 기사님께 다이어리를 버스에 두고 내렸다는 자초지종을 말하고 빨리 가자고 재촉했다. 다행히도 10분 만에 버스를 따라잡을 수 있었다. 택시기사님은 버스가 정류장에 정차하는 순간 바로 앞을 가로막았다. 그리고 나는 버스에 올라탔다. 죄송하다며 사정을 이야기했다. 다행이도 좌석에 다이어리가 그대로 있었다. 그 택시를 타고 다시 아파트 단지로 돌아왔고 다시 한번 감사의 인사를 드리고 내렸다. 얼마나 긴장했으면 항상 몸에서 떼어 놓지 않던 다이어리도 잊고 버스에서 내렸는지, 지금 생각하면 그때의 어리바리한 행동에 헛웃음만 난다.

관리사무소에 들러 입찰보증금 영수증을 보여주고 조만간 잔금 납부하고 소유권 이전할 거라 얘기하고 임차인의 전화번호를 물어보았다. 그렇게 이전 임차인의 연락처를 확보해 전화했다. 그런데 근무 중이라

만날 수 없다 하여 다음에 만나기로 약속하고 그냥 돌아왔다.

경매 고수의 노하우 **첫 만남은 언제, 어떻게 하나**

입찰할 사건을 낙찰받으면 보통 오후 1~3시 정도가 된다. 대부분의 사건 부동산은 경매 입찰 법원에서 1시간 정도면 갈 수 있는 거리에 있다. 그러니 낙찰 후 바로 부동산 소재지에 방문하는 게 좋다. 시간과 경비를 줄이는 방법이니 주택을 낙찰받았다면 점유자를 만나 보길 권한다. 이는 당장 점유자에게 압박을 가하기 위함이 아니라 앞으로 진행할 명도를 훨씬 편안하게 진행하기 위함이다.

그러므로 첫 만남에서는 많은 것을 할 필요가 없다. 많은 대화도 필요 없다. 단지 점유자의 태도로 성향을 파악하여 대처 방안을 모색하기 위함이다. 첫 만남에서는 두 가지만 파악하면 된다. 점유자가 이사 계획이 있는지, 어떤 성격의 느낌이 드는 점유자인지 정도만 알아도 큰 수확이다.

"안녕하세요, 이 주택을 낙찰받은 OOO입니다. 앞으로 잔금 기일이 잡히면 날짜에 맞춰 절차를 진행할 예정인데요. 혹시 계속 거주할 의향이 있으신지요, 아님 어디로 이사할 계획이 있으신지요."

딱, 이 정도면 적당하다. 그리고 연락처만 받아 오면 된다. 정말 계속 거주할지 이사할지를 아는 것이 목적이 아니다. 이 정도의 질문은 명도를 강요하는 느낌도 들지 않으며, 점유자가 무슨 생각과 앞으로 어떻게 나올지에 대한 파악으로 충분하기에 하는 것이다.

물론 이때의 대화와 태도에 맞춰 준비한 대로 꼭 원하는 방향으로 명도가 이루어지는 것은 아니다. 다만, 연락처를 교환했으니 얼굴을 다시 대면하지 않고 전화만으로도 명도를 진행할 수 있게 된다.

나는 명도의 80~90%를 한 번의 만남과 전화 통화로 모두 해결했다. 믿기지 않겠지만 심지어는 단 한 번도 점유자를 만나보지 않고 전화만으로 명도를 해결한 적도 있다. 그러니 점유자와의 첫 만남에서는 점유자의 성향을 파악하고 연락처를 알아내는 것으로 만족하자.

# 너무나도 당당하게 요구하는 점유자, 어떻게 대처할까

이전 점유자는 근처 대기업 공장에서 근무했는데 이 아파트 전 소유자에게 보증금을 돌려받지 못하자 임차권을 설정하고 퇴거한 상태였다. 사옥에 거주할 수 있게 되었으니 굳이 비싼 비용을 내가며 경매에 처한 아파트에서 생활할 필요가 없었을 것이다. 일요일에는 서울에 있는 본가에 가야 한다고 해서, 토요일 점심시간에 회사 앞에서 만났다. 해당 아파트에 짐이 남아 있는지는 모르지만 이사한 것은 확인했으니 협상만 잘하면 쉽게 해결되리라 생각했다. 간단히 인사를 나누고 대화를 이어갔다.

"거주하시던 집이 경매에 처해 많이 심란하셨죠?"

"좀 그렇죠. 여기저기 연락이 오고 정신없었죠."

"관리사무소에 알아보니 몇 개월 전에 이사하셨더군요?"

"네, 몇 달 전에 이사했어요."

"집주인이 보증금을 돌려주지 않아 고생하셨겠네요."

"아주 미치는 줄 알았습니다."

"그나마 이제 배당만 받으시면 깨끗이 해결돼서 다행이시네요."

점유자의 기분에 맞춰 대화를 이어 나갔다. 몇 분의 짧은 대화가 이어지고 전 임차인이 물어보았다.

"그런데, 이사비는 얼마 주실 거죠?"

"이사비요?"

"네, 이사비 주셔야 하는 거 아니에요?"

"왜 제가 이사비를 드려야 하죠?"

"원래 이사비 주셔야 하는 거 아닌가요? 다들 그렇게 얘기하던데요?"


'원래 이사비를 줘야 한다', '다들 그렇게 얘기한다', 도대체 어디서 그런 이야기를 들은 건지. 너무나도 당당하게 이사비를 요구했다. 아마도 해당 주택이 경매에 처하면서 중개업소나 인터넷, 주변 지인에게 조언을 구했을 것이다. 많은 걸 알아보고 내린 결론은 하나였을 것이다. 어차피 집을 비워줘야 한다는 것은 명백하니 이사비나 최대한 받아서 심리적, 경제적 보상을 받으려 했을 것이다.

물론 나도 집 자체를 잃어버리는 전 소유자나 보증금 전액을 배당받지 못하는 임차인들에게는 최대한 배려해서 이사비를 주려 한다. 그러나, 이사비는 경비로 인정받지도 못하고 순수한 나의 비용이 된다. 전액 배당받는 임차인이 있는 주택은 되도록 이사비를 지불하지 않고 명도를 마무리한다. 하지만 가끔 잔금 지급일 이전에 집을 비워주거나 명도하기 전에 집을 보러오는 사람이 있을 때 성실히 협조하는 조건으로 이사비를 지불하기도 한다.

"돈을 한 푼도 못 받는 소유자나 보증금을 아예 못 받는 임차인이 있을 때는 이사비를 조금 드릴 생각을 하기도 합니다. 하지만 엄연히 배당 받으실 금액도 있잖아요. 낙찰자가 이사비를 줘야한다는 규정이 있는 것도 아니고, 이사비는 전부 저의 개인적인 돈인데 그 부분은 생각해봐야 할 것 같습니다."

"알겠습니다. 그럼, 잔금 납부하고 뵙죠."

실망과 서운한 눈빛이 가득했다.

---

**경매 고수의 노하우** **적정 이사 비용은 얼마일까**

"이사비를 얼마나 주면 될까요?"

"얼마를 이사비로 주면 명도가 잘 해결될까요?"

"이사비를 안 주면 명도를 못 하나요?"

명도 부분에서 가장 많이 질문받는 부분이 적정 이사비이다. 초보자에게는 참으로 어려운 숙제다. 과연 얼마를 주어야 하는지 고민이 많다.

적정 이사비는 딱히 정해져 있지 않다. 면적에 따라 정해진 금액을 주는 것이 아니라 낙찰자가 본인 수익 내에서 적당한 금액을 제시하면 된다. 이사비를 생각할 때 몇 가지 먼저 고려하면 좋다.

첫째, 배당받을 금액이 있는지를 파악한다.

- 배당받을 금액이 있는 사람은 낙찰자의 명도확인서와 인감증명이 꼭 있어야 하므로 이를 염두에 두고 협상을 진행하면 본인이 원하는 방향으로 결과를 얻기 쉬워진다. 전액 배당받는 점유자가 있을 때는 이사비를 주지 않아도 명도가 수월하게 마무리되기도 한다.

둘째, 많이 준다고 좋아하는 것이 아니다.

- 최대한 많이 주면 좋겠지만 이 돈은 비용처리도 되지 않는 순전히 수익률을 떨어뜨리는 비용이다. 낙찰자가 제시하는 금액에 점유자가 만족하게 만들어야지 이사비를 받으면서도 불만이 가득하면 안 된다.

셋째, 이사비를 주면서 요구 조건을 제시해야 한다.

- 이사비를 주는 목적은 결국 명도를 수월하게 하기 위함이다. 대부분의 낙찰자가 이를 간과하고 명도 협상을 한다. 즉, 이사비와 명도를 별개로 생각한다는 말이다. 이사비는 이사비대로 협상하고 언제 집을 비워줄지에 대해서는 따로 협상을 한다. 이는 잘못된 협상 과정이다. 낙찰자는 이사비를 협상하며 명도에 대한 조건을 제시해야 한다.

낙찰자는 이사비를 협상하는 과정에서 점유자를 만족시키는 데 초점을 맞추어야 한다. 즉, 금액이 많고 적고를 떠나서 점유자가 만족스러운 결과를 얻었는지 불만족스러운 결과를 얻었는지 스스로 느끼는 점이 중요하다는 이야기다. 이사비를 많이 주어도 쉽게 얻은 결과라고 생각하면 아쉬워지고 더 요구하고 싶어진다. 하지만, 쉽지 않은 협상 끝에 얻어낸 결과라면 스스로 만족하며 더 받으려는 미련을 갖지 않는다. 그러니 같은 금액을 주더라도 예상한 금액을 한 번에 주는 것이 아니라 두 번 이상 협상을 진행하면 좋다. 그리고 어렵게 지불하는 금액임을 인지시켜 주어야 한다. 그래야 점유자는 최대한 만족할 만한 결과를 얻었다고 스스로 위안하며 이사비에 대한 미련을 갖지 않는다. 점유자는 이사비를 되도록 많이 받고 싶어 한다. 그런데 요구하는 금액을 쉽게 얻게 되면 아쉬워한다.

'더 높은 금액을 말할 걸 그랬나?'

'다시 말해서 더 달라고 할까?'

이런 생각이 들며 집을 비워주는 순간까지 아쉬워하며 어떤 이들은 약속과 달리 합의한 금액을 번복하기도 한다. 돈을 많이 준다고 무조건 만족하는 것이 아니라는 사실을 알아야 한다. 똑같은 환경에 처한 사람에게 이사비로 300만 원을 지불해도 불만이 가득할 수도 있고, 100만 원만 지불해도 만족하며 고마워하기도 한다. 그 이유는 점유자는 금액 자체보다 자신이 온 힘을 다해 이사비를 받아 냈다는 생각이 드느냐 그렇지 않으냐의 차이 때문에 발생한다. 이 점을 명심해야 한다.

점유자가 스스로 만족하는 결과를 이끌어 내는 방법은 이사비를 협상할 때, 최대한 지급 가능한 금액을 말하는 것이 아니라 더 낮은 금액부터 제시해야 한다. 점유자가 협상의 의지를 보이지 않으면 금액을 더 높여가며 낙찰자의 요구사항을 제시하자.

만약 이사비로 최대 100만 원까지 지급할 생각이 있다면, "이사비로 50만 원까지 드릴 수 있습니다."라고 하면 "그 돈으로 무슨 이사를 합니까?" 이런 반응이 대부분이다. 이럴 때는 잠시 시간을 두고 다음에 얘기하자고 말한 뒤, 시간이 흘러 다시 협상한다.

"만약 잔금 지급일까지 집을 비워 주신다면 80만 원까지 드릴 생각이 있습니다."

이렇게 협상하면 80만 원에 협상이 마무리되기도 하고, 최대 100만 원에서 결국 마무리된다. 이런 협상의 단계를 거치면 서로 만족하게 되고 집을 비울 때도 깨끗이 정리하고 간다. 그러나 협상을 시작할 때부터 "이사비로 최대 100만 원까지 드릴 수 있습니다."

이렇게 말하면 대부분 더 받으려 하고, 끝내 이 금액에서 마무리가 되면 점유자는 아쉬움에 불만을 느끼기 쉬우며, 불완전하게 마무리될 수도 있다. 실제 수강생 중 한 명이 시세보다 매우 저렴하게 낙찰받아 이사비로 200만 원까지 지급할 생각이었지만 100만 원밖에 지급하지 않았고 심지어 점유자는 수강생에게 고맙다는 인사를 하고 집을 비워 줬다.

낙찰자는 이사비를 무조건 많이 주거나, 적게 주는 방법을 택하는 것이 아니라 '점유자가 만족하는 결과를 얻을 수 있는 협상 과정이 중요하다'에 초점을 맞추어야 한다.

# 명도를 합리적으로
# 마무리하는 전략

헤어지고 난 후, 다시 만나기에는 시간도 오래 걸리고 얼굴 보고 말하는 것이 부담스러운 면도 있어 전화 통화를 시도했다. 어차피 이사한 상태인데, 필요한 짐을 모두 가져갔을 거라 짐작했다. 그러니 일찍 집 열쇠를 넘겨받고 하루라도 빨리 매물로 내놓는 것이 유리하리라 생각되었다. 가볍게 인사를 나누고 본격적으로 명도 협상에 들어갔다.

"배당받으려면 제 인감증명과 명도확인서가 있어야 하는 거 아시죠?"

"네, 그런데 아직 잔금 안 내셨잖아요."

"예, 조만간 납부할 겁니다."

"그럼, 그때 얘기하세요."

"그럼, 잔금 납부하면 바로 집 열쇠를 넘겨주시겠습니까?"

"그건 가봐야 알겠는데요?"

귀찮아하는 말투여서 더는 대화를 나눠봐야 좋은 결말을 얻기는 어렵다고 판단하고 전화를 끊었다. 어떻게 하면 좀 더 쉽게 명도를 마무리 지을 수 있을지 깊은 고민에 빠졌다. 그동안 읽었던 수많은 책을 뒤졌다. 명도 관련 내용을 다시 찾아 점검하고 생각을 정리했다.

그래서 선택한 방법은 내용증명이었다. 책에서 발췌하고 인터넷에서 검색해 작성법과 발송 방법에 관해 공부했다. 내용증명의 용도와 법적인 효력, 효과적인 서술에 대해 꼼꼼히 점검했다. 며칠 동안 썼다 지우기를 여러 차례 반복한 후 내용증명을 완성했다.

잔금 납부 후 진행 절차에 관해 설명하고, 집을 비워주지 않을 시 받을 불이익과 손해배상에 관하여 자세히 명시했다. 더불어 배당금을 받으려면 낙찰자의 명도확인서와 인감증명이 필요한 사실도 상기시켰으며, 배당금을 전액 받으면서도 과도한 이사비를 요구하는 행동에 대해 입장을 명확히 전했다. 다음 날 우체국에 가서 내용증명을 발송하고 집으로 돌아왔다. 그리고 사흘 후에 점유자로부터 전화가 걸려왔다.

"아니, 누가 집 안 비워준다고 했나요?"

"그게 아니라요. 대답을 피하시고, 협의할 의사가 없어 보이셔서요."

"잔금을 언제 납부할 예정인가요?"

"예. 납부기한이 ○월 ○일이니 그때 납부할 예정입니다."

"그 주 토요일에 만나는 건 어떠세요?"

"그렇게 하시죠."

"그럼, 그때 명도확인서와 인감증명서 주시는 거죠?"

"집에 가서 짐이 없는 것이 확인되면 당연히 드려야죠."

"짐은 이사할 때 다 뺐고요, 쓰레기만 조금 남았는데 그건 그때 치워 드릴게요."

이사비를 안 주면 명도에 협의도 안 할 것처럼 굴더니 이젠 버리고 간 쓰레기까지 치워준단다. 이렇게 고마울 수가. 이렇게 전화로 명도 협상을 마무리 지었다. 그리고 잔금 납부한 주 토요일에 만났다. 집을 깨끗이 치운 것을 확인하고 명도확인서와 인감증명서를 주고 명도를 마무리했다.

## 경매 고수의 노하우 · 잔금 납부 전에 끝내는 명도

경매 초보들이 가장 어려워하는 것이 명도 부분이다. 나도 경매를 처음 접하며 몇 건을 낙찰받고 처리하는 동안 가장 어려웠던 부분이 명도였다. 많은 경매물건을 처리하며 명도에 대해 많은 고민과 시행착오를 거치며 가장 효과적으로 쉽게 마무리하는 법에 대해 나름 기준과 원칙을 세우고 방법을 생각해 냈다.

그렇게 정립한 방법으로 지금까지 한 번도 강제집행을 해 본 적이 없다. 또한, 인도명령조차 신청해 본 적도 없다. 심지어는 잔금을 납부하기 전에 매도계약을 체결하고 수익을 확정 지은 일도 여러 번 있다. 이 이야기는 강의 시간에 여담으로 들려준다.

혹자는 잔금을 납부할 때 인도명령을 같이 신청하라고 한다. 만약 인도명령을 신청한다면 '점유이전금지가처분' 신청을 먼저 해야 한다. 인도명령의 대상은 부동산이 아니라 개인이기 때문에 인도명령 후 점유자가 바뀐다면 다시 새로운 점유자를 상대로 인도명령을 신청해야 한다. 하지만 '점유이전금지가처분'이 되어 있으면 이후 점유자가 바뀌더라도 인도명령의 대상이 된다. 인도명령을 신청해야만 된다면 꼭 '점유이전금지가처분'을 같이 신청하자.

그간의 경험으로 명도를 가장 쉽고 마음 편하게 마무리 질 방법 중 최고의 수단은 감히 내용증명이라 말할 수 있다. 내용증명은 법적으로 커다란 효력이 있는 것이 아니다. 그러나 내용증명을 받아보는 상대방은 심리적인 부담과 압박을 느끼게 되므로 발신자는 협상에 유리한 상황을 점하게 된다.

사람은 말로 대화를 나누게 되면 감정적으로 대할 수 있어 가끔 의도치 않은 방향으로 흘러갈 수 있지만, 글을 보면 이성적으로 판단이 가능하고 감정이 배제되어 현실을 제대로 파악할 수 있게 된다.

이처럼 말과 글은 발휘되는 힘과 영향이 다르다. 집을 비워줘야 하는 점유자는 이유야 어찌 됐든 낙찰자에게 좋은 감정을 갖기는 어려운 사람이다. 그러니 이성적으로 판단할 수 있도록 해줘야 한다. 그 방법이 바로 내용증명이다. 점유자가 이를 받아 읽어보는 순간 명도에 관해 깊이 고민하게 되고 비로소 협상할 마음이 들어 결국에 낙찰자는 원만하게 명도를 마무리 지을 수 있게 된다.

# 최 고 장

수 신 :
수신인 :

발 신 :
발신인 :

명도대상 부동산 :

1. 발신인은 명도대상 부동산을 낙찰받고, 2013년 11월 22일 잔대금을 납부하여 이 날부터 소유권 취득시기를 규정한 민사집행법 제 135조에 따라 추후 절차인 등기표시와 관계없이 소유권을 취득한것입니다.

2. 발신인은 수신인이 강제로 소유권을 잃게 되는 안타까운 마음에 이사비의 약속과 함께 완곡 납부일을 늦춰가며 수 차례 협상의 의지를 보였으나 수신인이 이에 응하지 않으며, 과도한 요구에 최종통보를 드립니다. 상기 부동산의 점유자인 수신인을 포함하여 가족분들께서 낙찰자의 잔금 완납일 이후에 낙찰자의 협의 없이 상기 부동산을 점유하고 계속 거주할 경우, 이는 명백한 무단점유(불법점유)로 간주되어 계약의 경우 **형법 제319조(주거침입 및 퇴거불응), 형법 제349조(부당이득), 형법 제315조(경매, 입찰의 방해)**등의 조항에 저촉되어 형사처벌(벌금, 구속)의 대상이 될 수 있음을 알려드립니다.

또한 계속 명도가 지체되면 부득이 강제집행을 하게 될 것이며, 이 때 강제집행 비용과, 낙찰자에게 소유권이 이전된 시기부터 점유자인 발신인이 위 부동산을 확실하게 명도할 시기까지 **불법 주택점유 사용료로 월 1,300,000 만원(부동산가액의 연10%)에 해당하는 월세를 부담하여야 하며** 명도지연 손해금으로 귀하의 유체동산이 압류될 것이며, 다른 재산에도 압류, 기타 법적 비용을 청구할 수 있습니다.

3. 따라서 수신인 및 동거인들 점유자 전원이 상기 부동산에서 퇴거하고 발신인에게 명도 할 수 있도록 서둘러 주시기 바랍니다. 아울러 구체적인 계획(이사 날짜 확정)이 수립되면 발신인에게 연락 주시기 바랍니다. 발신인과 수신인이 서로 돕는 가운데 모든 일이 원만하게 마무리되기를 간절히 바라오며, 귀댁의 건강과 건승을 기원합니다. 끝.

실제 점유자에게 보냈던 내용증명

# 첫 낙찰부터
# 연 수익률 26%를 달성한 노하우

명도까지 생각보다 순조롭게 마무리가 되었다. 이제 임대로 부동산에 의뢰하기만 하면 되는 상황이었는데, 집이 생각보다 매우 지저분했다. 이전에 거주했던 임차인은 어차피 보증금을 돌려받지 못하고 나갔으니 관리도 제대로 안 했을 것이다. 이곳저곳 살펴보니 청소를 잘 안 해 지저분해 보여도 다행히 파손이나 큰 비용이 들어갈 만한 곳은 없어 보였다.

나는 경매 투자를 시작하며 다짐하기를 낙찰받으면 수리까지 모두 내 손으로 해기로 했다. 당시 자본이 부족해서 몸으로 때우며 경비를 절감하려는 생각도 있었지만, 차후에 직접 하지 않고 업체에 맡기더라도 진행 방법을 어느 정도 알고 있어야 더 효율적으로 의뢰할 수 있을 거라는 생각이 들었다. 이때 이전 직장인 바닥재 회사에 다닐 때 익혀 두었던 지식이 많은 도움이 됐다. 바닥재 회사에서 장판과 타일에 대한 지식을 쌓으며 자연스럽게 도배에 관한 일도 알게 되었기 때문이다.

먼저 현관문의 열쇠부터 바꾸기로 했다. 경매 공부를 할 때 낙찰받은 집이 열쇠로 직접 돌려서 여는 구조라면 디지털 키로 바꾸면 좋다는 얘길 들었다. 수리나 임차인을 들일 때 등, 열쇠를 분실하거나 잊어버리고 소지하지 않을 상황에 대비하기 위함이었다. 먼저 인터넷으로 저렴한 모델로 구매했다.

현관을 디지털 키로 바꾸고 도배와 장판을 의뢰했다. 직접 할 줄은 알지만, 전문적인 솜씨가 아니니 엉성하게 작업이 될 것 같아 업자에게 의뢰했다. 그리고 세제와 곰팡이 제거제를 활용해 화장실 청소를 깨끗이 했다. 싱크대는 기름때는 많았지만, 문의 도색이 벗겨지거나 틀어져서 비뚤어진 부분은 없었다.

비록 구식이긴 했지만 교체하려면 비용이 많이 들 것 같아 청소만 하기로 결정했다. 새시와 베란다, 창문 틈 청소 등 일요일 아침부터 저녁 늦게까지 일해서 마무리할 수 있었다. 비용을 온전히 나의 노동력으로 바꾼 결과로 새집처럼 깔끔해진 집을 보니 너무 뿌듯했다. 새 단장을 마치고 임대로 놓기 위해 아파트 상가에 위치한 중개업소에 갔다.

"싸게 낙찰받으신 것 축하드려요."

"감사합니다. 깔끔하게 새 단장했습니다. 월세로 놓으려고요."

"잘 오셨어요. 제게 월세 부탁하는 집주인 분들이 많아요."

경매로 낙찰받은 집을 월세로 놓으려 한다고 말하니 공인중개업소 사장님이 나무 도장(일명 막도장)이 50개 정도 담긴 통을 보여주었다. 대부분 다른 지역에 거주하는 사람들이 월세 수익이 제법 높아서 투자 목적으로 매입해 놓고 아예 관리를 맡긴단다. 그만큼 자기 업소에서 거래가 많이 이뤄지고 있다는 표시였다.

"월세를 얼마나 받을 수 있을까요?"

"2층이었죠?"

"네."

"매매는 중간층보다 2층이 조금 더 저렴해도 월세는 비슷하게 받을 수 있어요. 보증금 500만 원에 월 35만 원은 가능해요."

나중에 부동산 투자를 계속해오며 알게 되었지만, 매매는 흔히 말하는 로열층인 중간층이 가격이 더 비싸고, 저층이나 꼭대기 층은 더 저렴하지만, 월세는 층에 상관없이 가격이 대체로 비슷했다. 월세의 가격을 결정하는 요인은 층보다도 개별 인테리어에 따라 가격이 더 달라졌다. 이 아파트도 중간층의 월세 시세와 똑같이 보증금 500만 원/월 35만 원에 계약했다. 계산해 보니 임대수익률이 약 26%에 달했다. 4년만 지나면 원금이 모두 회수된다는 뜻이다. 보통 임대수익률이 6~7%대 임을 감안하면 첫 낙찰치고는 꽤 훌륭한 수익을 안겨주었다.

투자 내용

| | |
|---|---|
| 낙찰 금액 | 5,233만 원 |
| 경락 대출 | 4,200만 원(낙찰가의 80%) |
| 월세 수입 | 연 420만 원 |
| 연 이자(5%) | 연 210만 원(실제 이율은 4%가 조금 넘었음) |
| 연간 총수입 | 210만 원(420만 원-210만 원) |
| 총 투입 자본 | 약 800만 원 |
| 연 수익률 | 약 26% |

**경매 고수의 노하우  안전하게 거래하는 법**

앞서 내용에서 이야기했듯 부동산 소재지와 소유자와의 거리가 있어 중개업소에 방문하려면 시간이 오래 걸리는 사람들은 아예 중개업소에 막도장을 맡기고 임대차계약을 전적으로 일임한다. 그런데 이렇게 전부 맡기고 계약할 때 매수자나 매도자, 임차인과 임대인을 만나 직접 거래하지 않는 건 무척 위험한 행동임을 알아야 한다. 요 몇 년간 수십억 대의 중개업소의 사기가 뉴스에 자주 나오고 있다.

이들 중개업자의 수법은 다음과 같다.


1. 임대인은 월세 세입자를 구함

2. 중개업소에서 전세로 임차인에게 소개

3. 세입자는 전세금을 지불하고 전입

4. 중개업자는 집주인에게 월세로 계약했다고 말함

5. 새로운 전세 계약으로 월세금 돌려막기

이런 방법을 사용한다.


요즘 저축금리가 낮거나 집값이 오르지 않아 전세를 월세로 전환하거나 반전세로 월세를 받는 집이 많아져 전세가 귀하다 보니 이런 사기가 종종 발생한다. 아파트, 다세대 주택, 원룸 등 임대인으로부터 부동산 관리 및 임대차 계약을 위임받은 중개업자가 임대인에게는 월세 계약을 했다고 말하고, 임차인과는 전세 계약을 체결하여 전세보증금을 가로채는 방법을 사용했다.

새로 계약하는 임차인의 전세금으로 집주인들에게 월 임대료로 입금하다 이 금액이 너무 커지고 더 이상 감당이 안 되어 입금을 못 하게 되자, 집주인이 세입자에게 월세 미납을 이유로 집을 비워 달라고 요구하자 전말이 드러나게 되었다. 이렇게 사기당한 사람이 수십 명, 피해액은 60억, 80억이나 된다.

1억 원 미만은 중개사협회에 가입한 손해보험으로 받을 수 있다지만, 이 과정도 복잡하고 시간도 걸린다. 특히 보증 한도를 넘어가는 금액은 배상받을 수 없다. 고스란히 피해를 보게 된다.

이들 피해자는 중개업자의 말만 믿고 집주인이 없는 상태에서 계약을 체결하고 중개업자의 통장으로 돈을 입금했다는 공통점이 있다. 왜 주인과 직접 계약하지 않고 중개업자만 있는 상태에서 계약했는지 의아해하는 사람도 있을 것이다. 이들 중개업소는 그 지역에서 10년 넘게 영업을 하며 주변 사람들과 이웃사촌으로 친하게 지내왔던 사람들이라 주변의 신망이 있어 사람들은 전혀 의심하지 않았다.

돈이 궁해지자 오랜 기간 쌓아온 신뢰를 이용해 사기를 한 건 쳤는데, 발각되지 않자 두 건, 세 건 그렇게 늘어나 단 2, 3년 만에 수십억 원의 피해를 주게 된 것이다.

세입자는 보증금을 날리게 되고, 집주인도 곤란한 상황이 되어 버렸다. 이들 집주인과 임차인의 부주의로 벌어진 일로 매매나 임대차로 부동산 계약을 할 때는 꼭 당사자가 자리에 함께하여 진정한 권리자인지 꼭 파악해야 이런 사기를 미연에 방지할 수 있다.

중개업자들만 아니라 어떤 이들은 개명(이름을 바꾸는 행위)까지 해가며 중개업자와 짜고 사기를 치는 사건도 발생했다. 심지어는 신분증을 위조하여 사기치는 사람도 있다. 사기를 치려고 마음먹고 다가오면 피하기 쉽지 않지만, 기본적인 사항만 제대로 확인하면 예방할 수 있다.

안전한 부동산 계약을 위해서는 다음의 사항에 주의한다.


첫째, 집주인(매도자)과 임차인(매수자)이 함께 있는 자리에서 계약할 것

둘째, 등기부 등본의 소유자와 신분증의 명의자가 동일한지 확인할 것

셋째, 매매대금이나 보증금은 부동산 소유자 명의의 통장으로 입금할 것


최소 이 세 가지만 지키면 부동산 거래를 안전하게 할 수 있다. 참고로 신분증의 사실 여부는 인터넷으로 조회가 가능하다.

주민등록증은 정부민원포털 '정부24'에서 확인이 가능하고, 운전면허증은 '도로

교통공단 안전운전 통합 민원'에서 확인이 가능하다. 이들 사이트는 사실 여부를 확인하는 방법도 자세히 설명되어 있다.

※ 첨부한 QR코드는 모바일에서 확인 하는 방법인데, '정부24'의 신분증 진위 확인을 위해서는 '정부24' 애플리케이션을 설치해야 한다.

'민원24' 신분증 진위 여부 확인 웹페이지

'도로교통공단' 운전면허증 사실 여부 확인 웹페이지

사람은 말로 대화를 나누게 되면 감정적으로 대할 수 있어 가끔 의도치 않은 방향으로 흘러갈 수 있지만, 글을 보면 이성적으로 판단이 가능하고 감정이 배제되어 현실을 제대로 파악할 수 있게 된다.

이처럼 말과 글은 발휘되는 힘과 영향이 다르다. 집을 비워줘야 하는 점유자는 이유야 어찌 됐든 낙찰자에게 좋은 감정을 갖기는 어려운 사람이다. 그러니 이성적으로 판단할 수 있도록 해줘야 한다. 그 방법이 바로 내용증명이다. 점유자가 이를 받아 읽어보는 순간 명도에 관해 깊이 고민하게 되고 비로소 협상할 마음이 들고 결국에 낙찰자는 원만하게 명도를 마무리 지을 수 있게 된다.

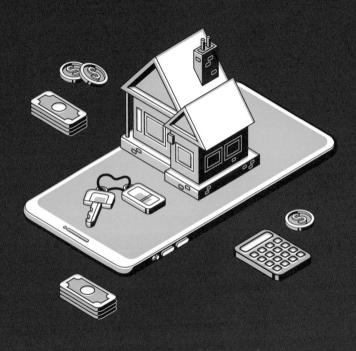

# 2

이기는 경매를 위해
반드시 알아야할
톱3 고수 팁

# Part 1

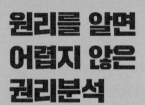

## 원리를 알면
## 어렵지 않은
## 권리분석

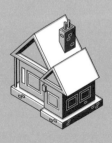

# 말소권리
# 쉽게 이해하는 법

부동산에는 각종 권리가 존재한다. 해당 부동산의 주인인 소유권부터 은행에서 돈을 빌리고 설정하는 근저당권, 부동산을 점유함으로써 자연적으로 발생하는 점유권까지 수많은 권리가 있다. 이들 권리는 크게 돈에 관한 것과 그 이외의 권리로 나눌 수 있다.

① 돈에 관한 문제 - (근)저당권, (가)압류, 전세권, 선순위담보가등기

② 그 외의 문제 - 가처분, 지상권, 유치권, 소유권, 가등기, 지역권 등

※ 말소기준 권리 : '돈에 관한 권리' 중 등기부 등본에 제일 처음으로 설정된 권리

| 권리 | 특징 |
|---|---|
| (근)저당권 | 돈을 빌려주고 등기부 등본에 (근)저당권을 설정 |
| (가)압류 | 채무자에게 돈을 받기 위해 등기부 등본에 설정. 보통 경매를 신청하기 전에 가압류를 먼저 설정함 |
| 전세권 | 임대차계약 후 임대인의 동의를 얻어 설정. 임대차계약 없이 돈을 빌려주고 설정하는 것도 가능 |
| 담보가등기 | 부동산 소유자가 돈을 빌리고, 이를 갚지 못하는 상황에서 부동산의 소유권을 넘겨주기로 하는 등기. 등기부 등본에는 '소유권이전청구권가등기'라 표기됨 |

경매는 이 두 종류의 권리 중 돈에 관한 문제로 발생한다. 돈을 받을 권리가 있는 사람이 소유자의 부동산을 법원에 신청하여 매각 대금에서 지급받는 절차가 경매다. 경매로 진행되면 말소되어 없어지는 권리와 말소되지 않고 낙찰자에게 인수되는 권리가 있다. 그 기준이 되는 권리는 돈에 관한 권리 중 등기부 등본에 제일 처음으로 설정된 권리다. 근저당권, 가압류 등 여러 권리 중 첫 번째로 설정된 권리가 말소기준권리가 된다.

이를 기준으로 그 이전에 설정된 권리는 낙찰자가 인수하고 그 이후에 설정된 권리는 전부 말소되는 운명이다. 그래서 기본적으로 처음 설정된 돈에 관한 권리인 근저당이나 가압류보다 먼저 설정된 가처분, 가등기 등은 낙찰자가 인수해야 하고, 그 이후에 설정된 모든 권리는 낙찰로 말소된다. 이를 가장 기본으로 생각하고 여기에 예외 사항 몇 가지가 있는 것을 알면 된다.

처음 설정된 돈에 관한 권리보다 늦은 권리 중에 말소가 안 되는 권리가 있으니 '건물철거를 위한 가처분'과 '예고등기(지금은 없어짐)'는 후순위라도 말소되지 않는다. 이는 소송 결과에 따라 소유권이 변동될 수 있기에 말소되지 않으므로 초보자에게는 위험한 물건이다. 이를 간단히 정리해보면 다음과 같다.

① 말소기준 권리는 돈에 관한 권리 중 제일 먼저 설정된 권리다.
   - (근)저당권, (가)압류, 전세권, 담보가등기
② 말소기준 권리 이전에 설정된 권리는 인수되고 그 이후에 설정된 권리는 말소된다.
   - 전 소유자의 가압류나 목적을 달성한 선순위가등기 등은 말소가 되는 운명이나 이는 초보자가 판단하기에 어려우므로 돈에 관련된 권리 보다 빠른 그외의 권리가 있는 경매 물건은 피하자. 이런 물건은 경매 경험이 쌓이고 내공이 축적되면 그때 도전하자. 그래도 늦지 않다. 초보라면 안전한 물건만 진행하자.
③ 후순위라도 '건물철거를 위한 가처분' , '예고등기'는 말소되지 않는다.
④ 법정지상권, 유치권은 등기부 등본에 등재하지 않는다. 성립 여부는 현장에서 확인해야 한다.
   - 법원은 법정지상권이나 유치권에 관한 내용이 있으면 매각명세서에 '법정지상권 성립 여지 있음, 유치권 신고 있음'이라고 명시한다.

# 말소되지 않는
# 위험한 권리 아는 법

앞에서 설명했듯 돈과 관련된 권리 중 최초 설정된 말소기준 권리를 포함하여 그보다 뒤늦게 설정된 후순위 권리는 모두 말소된다. 그러나 말소기준 권리와 상관없이 말소되지 않는 권리가 있으니 몇 가지 말소되지 않는 예외 사항을 기억하자.

이런 물건을 판단하기 어렵다면 앞장에서 설명했듯 100% 안전하고 쉬운 물건만 하자. 다시 한번 살펴보면 다음과 같다.

첫째, 등기부 등본에 (근)저당과 (가)압류만 있는 부동산

둘째, 임차인이 1순위가 아닌 부동산

셋째, 유치권, 법정지상권, 분묘기지권, 토지별도 등기, 대지권 미등기

등 매각명세서상 특이사항이 하나도 없는 부동산 초보자는 이 세 가지만 정확하게 파악하면 100% 쉽고, 안전한 물건만 골라 입찰할 수 있다.

| 구분 | 내용 | 등기부등본등재 여부 |
|---|---|---|
| 건물철거를 위한 가처분 | 건물 철거 소송을 위한 가처분으로 가처분권자가 승소하면 건물이 철거되므로 위험한 물건임 | 등기 |
| 법정지상권 | 지상권을 설정하지 않았어도 일정한 요건을 갖추면 지상권과 동일한 효력을 인정 | 등기 안함, 현장에서 판단 |
| 유치권 | 공사대금을 받지 못한 공사업자가 부동산을 점유하며 대금을 지불받을 때까지 명도를 거부할 수 있는 권리 | 등기 안함, 현장에서 판단 |
| 예고등기 | 소유권에 다툼이 있을 경우, 승소하는 사람에 따라 소유권이 변동될 수 있음 | 등기(2011년 10월에 폐지 됐지만 그 이전에 등기되었다면 위험) |

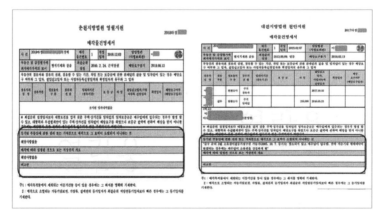

매각명세서에 아무 해당 없는 사건과 효력이 소멸하지 않는 부분에 인수할 수 있는 권리에 대한 특이사항이 있는 사건

# Part 2

## 경매는 몰라도
## 주택임대차보호법은
## 알아두자

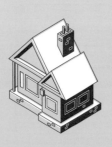

# 경매와 상관없이 누구나 알아두어야 할 주택임대차보호법

종종 뉴스를 통해 오랜 기간 돈을 모아 지불한 전세보증금을 한 푼도 돌려받을 수 없게 되었다는 안타까운 사연을 접하게 된다. 어느 40대 가장은 10년간 열심히 모은 1억 원을 보증금으로 지불하고 전세로 거주했는데, 해당 주택이 경매에 처하며 한 푼도 돌려받지 못하게 되었다는 안타까운 사연이 뉴스에 나왔다. 이를 정리하면 다음과 같다.

1. 1억 원에 전세로 계약 - 당시 입주하기로 한 주택에는 저당권이 설정되어 있지 않았음
2. 금요일에 입주 - 이사로 바빠 전입신고를 못 함

3. 다음 주 월요일에 전입신고, 확정일자 받음

4. 같은 날 은행에서 근저당도 설정됨

5. 시간이 흘러 해당 주택이 경매에 처함


사건의 개요는 이렇다. 무엇이 문제인지 알겠는가? 아마도 경매 공부를 한 번이라도 해 본 사람이라면 문제점을 알겠지만 대부분 뭐가 잘못된지 모를 것이다. 간단히 설명해보면 다음과 같다.

임차인이 타인에게 보증금을 다 돌려받을 때까지 집을 비워주지 않아도 되는 대항력이라는 힘은 전입신고를 한 다음 날 0시에 효력이 발생한다. 반면 은행에서 설정한 근저당의 힘은 설정한 당일 바로 발생한다. 즉 임차인은 은행보다 하루 권리가 늦어지게 된다.

이런 이유로 은행의 대출금을 전액 먼저 배당해주면 임차인에게는 한 푼도 배당이 안 될 수 있다. 해당 뉴스 인터뷰에서 세입자는 이런 사실을 어떻게 일반 사람이 알 수 있느냐며 하소연한다. 그래서 부당하다며 집주인에게도 소송을 걸고 공인중개사협회에도 소송을 걸었지만 거의 패소가 확실해 보이고(당시 집주인을 상대로 한 손해배상 소송은 패소한 상태였음), 보증금 1억은 전액 손해 볼 것으로 보인다. 안타까운 현실이지만 어쩔 수 없다. 본인의 부주의로 인해 발생한 일이라고 법원은 판단할 것이다. 그러니 자신이 스스로 알고 지켜야 한다.

가진 돈이 있어서 자기 소유의 집을 장만하기 전에는 어쩔 수 없이 월세든 전세든 다른 사람의 주택을 임차해서 살아야 한다. 임차하려면 주택의 위치와 거주환경에 따라 적게는 100만 원부터 많게는 억대의 보증금이 필요하다. 이 보증금은 부모에게 받았든 본인의 월급으로 만들었든 피땀 흘려 모은 것이다. 이렇게 어렵게 모은 돈을 보증금으로 지불하는 데도 정작 그 보증금이 안전한지, 한순간에 없어질지 모르는 사람들이 태반이다.

경매하는 사람들은 필수적으로 주택임대차보호법을 알아야 하기에 공부하지만, 경매를 하지 않는 일반인들은 아예 관심조차 없다. 재테크로 경매를 시작하게 되어 주택임대차보호법을 공부하는 사람도 있지만, 자신이 임차한 주택이 경매에 처하며 자신의 보증금이 안전한지, 얼마나 회수할 수 있는지 궁금하여 알아보는 일이 종종 있다.

본인이 임대차 계약할 때는 전혀 생각지도 않았는데, 어느 날 법원에서 경매안내서가 날아오면 이때부터는 잠도 오지 않고 불안하기만 하다. 자신이 거주하는 주택이 설마 경매에 처할 줄 꿈에도 몰랐기에 충격은 더 클 것이다. 그러나 이미 일은 벌어졌으니 어쩔 도리가 없다. 몰랐던 자신을 탓할 수밖에 누구를 탓하겠는가.

'법 위에 잠자는 자, 보호받지 못한다'라는 말이 있다. 이는 인간은 태생적으로도 헌법상으로도 각자 개인에 주어진 권리가 있는데 그 권리를 지키고 행사하려 노력하지 않는다면 그 권리는 결국 침해되고 만다는 의미이다.

권리는 자신이 적극적으로 확인하고 지키려 할 때 권리로서의 의미가 있다. 쉽게 말해 정부에서는 국민을 위해 법을 제정했지만, 국민이 스스로 지키려 노력하지 않으면 보호받을 수 없다는 말이다. 집주인보다 임차인은 약자의 지위에 있다.

주택임대차보호법은 사회적 약자인 임차인을 위하여 제정한 법인데 이 법이 만들어지기 전에는 임차인들이 부당하게 보증금을 회수하지 못하는 경우가 많았다. 그래서 이를 방지하고자 일정한 조건을 갖추면 임차 보증금을 안전하게 지킬 수 있는 안전장치로 만들었다.

경매는 채권 관계에 의해 즉, 돈 문제 때문에 발생하는 때에는 민법을 적용한다. 민법에서 권리는 크게 물권과 채권 두 가지로 구분된다.

| 구분 | 물권 | 채권 |
|---|---|---|
| 개요 | 물건을 사용, 수익, 처분이 가능 법적으로 8종류만 인정 | 물권 이외의 모든 대가성 관계 |
| 종류 | 점유권, 소유권, 지상권, 지역권, 전세권, 저당권, 유치권, 질권 | 근로계약, 물건의 판매, 금전의 임차 등 물권 이외의 모든 거래 관계 |
| 권리 | 누구에게나 주장 가능 | 채권자, 채무자 당사자 사이만 인정 |
| 양수, 양도 | 의무자의 동의 없이 가능 | 의무자의 동의 없이 양수, 양도 불가능 |
| 우선순위 | ① 물권은 채권보다 기본적으로 우선한다.<br>② 물권과 물권은 먼저 성립한 것이 우선한다.<br>③ 채권끼리는 우선권이 없다. 안분배당(같은 비율로 배당)<br>④ 물권이 설정된 후 채권이 설정되면 물권먼저 전액 배당 후에 채권에 배당<br>⑤ 채권이 설정된 후 물권이 설정되면 서로 우선권을 주장할 수 없게 되어 안분 배당 | |

참고로, 물권 중 전세권은 등기부 등본에 '전세권'을 설정했을 때 발생하는 물권이고, 우리가 흔히 '전세'로 임대차계약을 하는 것은 채권적 전세이다.

옆 페이지 표의 '우선순위'에서 보듯이 물권의 힘은 막강하다. 공사비를 받기 위한 유치권과 주택에 점유하는 자체로 발생하는 점유권, 토지와 건물의 소유자가 다를 때 발생하는 법정지상권을 제외한 모든 물권은 등기부 등본에 기재된다. 따라서 성립 시기에 따라 우선순위를 따질수 있지만, 채권은 당사자들만 알기 때문에 우선순위를 따지지 못한다. 우리가 임대차 계약으로 주택에 거주하는 행위는 채권적 관계이지 물권적 관계가 아니다. 따라서 임차인이 온전히 보호받지 못하는 것인데, 일정한 요건을 갖추면 비록 임대차계약은 채권적 관계이지만, 물권의 효력을 부여해 준다. 이 내용이 주택임대차보호법의 주된 내용이다. 임차인을 위해 국가에서 제정한 법이니 자신의 임차보증금을 지키고 싶다면주택임대차보호법 정도는 숙지해야 한다. 임차보증금은 누가 지켜주는것이 아니라 자신이 직접 지켜야 함을 명심해야 한다.

주택임대차보호법은 임대인과 임차인의 채권관계인 임대차계약에서 주택이 경매에 처하면 물권보다 배당이 늦어져 불측의 손해를 보는서민들을 보호하기 위하여 1981년에 특별법으로 제정되었다. 대항력과확정일자 제도를 마련하여 두 요건을 갖추면 비록 채권이지만 물권처럼취급되어 배당에 참여할 수 있도록 했다. 만약 다른 권리보다 최우선으로 요건을 갖추었다면 전액 배당을 받을 수 있게 되었다.

① 주택임대차보호법 적용대상 : 건축물 관리대장 등재 여부와 관계
    없이 주거용으로 인정될 만한 충분한 요건을 갖추고 있으면 무허

가, 미등기 건축물과 관계없이 적용된다. 건축물의 준공 승인 당시에 주거용 건물이 아니었으나, 사정상 주거용 주택으로 사용하였다면 이 법의 적용을 받는다. 즉, 건축물대장에 주거용 주택으로 기재가 되어있지 않더라도 실제로 주거용으로 사용하고 있으면 주택임대차보호법의 혜택을 받을 수 있다.

② 보호 가능한 보증금액 : 주택임대차보호법에서 보장되는 금액에는 한도가 없다. 흔히 말하는 전세와 월세의 구분이 없으며, 월 임차료는 인정되지 않고 순수 보증금만을 기준으로 한다.

# 대항력과 확정일자:
# 임차인을 무적으로 만드는 요소

앞 장에서 이야기했듯 임대차계약은 채권적 관계이다. 이 채권적 관계가 물권처럼 효력을 발휘하기 위해서는 일정한 조건을 갖추어야 한다. 이 일정한 조건이 '대항력과 확정일자 제도'이다. 유치권과 점유권을 제외한 나머지 물권은 등기부 등본에 올려서 타인이 해당 부동산에 물권적 권리가 있음을 알 수 있게 했다. 이를 공시라 한다.

그런데, 임대차 계약을 체결할 때마다 물권처럼 등기부 등본에 등재했다가 세입자가 이사하면 말소하고 또 다른 세입자가 전입할 때 다시 그 내용을 등기하고 이사하면 또 말소하고…. 이런 상황이 반복되다 보면 시간과 경비가 많이 소모되고 번거로울 수 있다.

그래서 해당 주택에 소유자가 아닌 다른 사람이 거주하고 있다는 것을 공시하는 방법으로 전입신고와 점유로 알 수 있게 한 것이고, 그 주택의 점유자가 그냥 지인 관계로 무상으로 거주하는 것인지 임대차계약에 의해 거주하는지를 공시하는 방법으로 주민센터에서 임대차계약서에 확인받는 확정일자 제도로써 제3자가 알 수 있게 한 것이다. 그러니, 임차인이 주택임대차보호법의 적용을 받으려면 꼭 대항력과 확정일자를 받아야 한다. 이 두 요건을 갖추면 후순위권리자보다 먼저 배당을 받을 수 있는 우선변제권이 발생한다.

## ☑ 대항력

타인에게 대항할 수 있는 힘

① 성립요건: 전입신고 + 점유

② 효력 발생 시점: 전입신고와 점유를 모두 마친 다음 날 0시

원래 점유 시기를 특정하기는 어렵다. 이렇다 보니 보통 이사하면 전입신고를 하므로 전입신고한 날을 요건을 갖춘 기준으로 한다. 바로 이 부분이 경매를 하지 않더라도 임차인이 꼭 알고 있어야 하는 사항이다. 대항력은 전입신고한 다음 날 0시에 발생하기 때문에 같은 날 근저당이 설정된다면 임차인의 권리가 하루 늦어지게 된다. 그러니, 이런 사고를 미연에 방지하려면 이사 당일 오전에 인터넷등기소에 접속하여 입주할 주택에 등기부 등본에 변경사항이 있는지 확인해야 한다.

그리고 은행에서는 대출을 실행하기에 앞서 '전입 세대 열람'을 발급 받아 해당 주택에 소유자 이외의 제3자가 전입되어 있는지 확인한다. 만약 소유자 이외의 다른 사람이 거주한다면 대출을 실행하지 않는다. 그러므로 전입신고는 되도록 빨리하는 게 좋다.

## ☑ 확정일자

임대차 계약서에 해당 주택에 임대차 계약이 있음을 확인 받는 행위

① 성립요건 : 주민센터나 관할등기소에 신고(인터넷으로도 신고 가능)

② 효력 발생 시점 : 신고 당일 발생

## ☑ 우선변제권

후순위 권리보다 먼저 변제받을 수 있는 권리

① 성립요건 : 대항력과 확정일자를 모두 갖추어야 함

② 효력 발생 시점 : 대항력과 확정일자 모두 이루어진 시점. 즉, 더 늦게 요건을 갖춘 시점

대항력을 1순위로 갖췄다면 보증금을 전액 돌려받을 때까지 명도를 거부할 수 있다. 우선변제권은 해당 주택이 경매에 처할 때 후순위 권리보다 먼저 배당받을 수 있는 권리다.

그런데 대항력은 영속적인 권리이고, 우선변제권은 소멸성 권리로 1회만 인정된다. 주택이 경매로 진행될 때, 임차인이 배당을 신청하게

되면 우선변제권이 적용된다. 이때 대항력 있는 임차인이 1차 경매에서 보증금 전액을 배당받지 못한 상태로 거주 중에 다시 2차 경매가 진행된 다면 1차 경매에서 우선변제권을 사용했기에 2차 경매에서는 우선변제 권이 없다. 따라서 먼저 배당받을 수 없다.

이때는 낙찰자가 미 배당금 전액을 인수해야 하므로 조심해야 한다. 그래서 경매사건의 부동산 등기부 등본을 확인할 때 해당 주택에 과거 에도 경매가 진행된 적이 있고 그때도 지금과 같은 임차인이 거주하고 있다면 이 부분을 확인해야 한다. 당시 사건에 임차인이 대항력이 없다 면 상관없지만, 대항력이 있었으나 전액 배당받지 못했다면 위험할 수 있다.

# 최우선 변제금: 소액 임차인을 보호하기 위한 제도

주택임대차보호법에서 대항력과 확정일자를 갖춘 임차인을 물권처럼 취급하여 배당에 참여할 수 있게 조치하였으나, 현실에서는 최선순위라면 보증금을 전액 배당받을 확률이 높지만, 대부분 임차인은 근저당 설정 후에 대항력과 확정일자를 갖추어 2순위의 지위를 갖게 되는 경우가 많다.

이럴 때 임차 보증금을 전액 보장받지 못하는 상황도 생기게 된다. 대부분 소액의 보증금으로 생활하는 임차인들에게 많이 발생하게 되는데, 이에 소액의 임차인들에게 구제의 방안으로 최우선변제금 제도를 마련했다. 소액보증금의 범위 안에 금액으로 계약한 임차인에게는 순위에 상관없이 최우선변제금을 먼저 배당받을 수 있게 만들었다. 확정일자가 없어도 소액보증금에 해당한다면 최우선변제금은 배당받을 수 있다.

## ☑ 소액보증금 범위와 최우선변제금

예를 들어 서울에서 임차해서 사는 임차인의 주택에 최초 설정된 근저당이 2014년일 경우, 전세나 월세 보증금이 9천5백만 원 이하로 계약하였을 때 경매로 진행된다면 다른 권리에 비해 아무리 늦더라도 3천2백만 원은 최우선으로 배당해 준다. 여기에서 보증금 액수가 9천5백만 원에서 단 1원이라도 넘는다면 순위에 따라 배당에 참여할 수 있을 뿐, 최우선으로 3천2백만 원을 배당받지 못한다. 매각물건 분석 시 임차인이 최우선변제금을 받을 수 있는지, 받는다면 얼마나 배당이 되는지 정도는 파악하면 좋다. 보증금 전부를 배당받는 사람과 일부를 배당받는 사람, 한 푼도 못 받는 사람의 명도에 대한 저항이 다르기 마련이며, 그에 따른 명도의 대처 방법도 달라지기 때문이다.

## ☑ 최우선변제금을 받기 위한 요건

① 보증금의 범위가 소액에 해당해야 한다.

임차인이라고 무조건 보증금 중 일정액을 변제해주는 것이 아니라 보증금이 법에서 정한 소액의 기준에 해당할 때만 최우선변제금을 받을 수 있다. 소액임차인의 기준이 되는 임차보증금 범위 및 우선변제 되는 금액은 시대적 상황에 따라 점차 상향되어 왔다.

해당 기준 시점에서 정하는 소액보증금 범위에서 단 1원이라도 초과한다면 확정일자에 따라 배당에 참여할 수 있을 뿐, 최우선변제 대상에서는 제외된다. 예를 들어 2019년 4월 2일 기준으로 은행의 근저당이 2018년 8월 15일에 설정된 서울 소재의 주택이라면 소액보증금의 기준은 1억이 되고, 최우선변제금은 3천4백만 원이 된다. 만약 이 주택에 보증금 1억/월 50만 원에 임차했다면 최우선변제의 대상이 되지만 보증금 1억1백만/월 50만 원에 임차했다면 최우선변제의 대상이 되지 않는다. 단지, 대항력과 확정일자를 모두 갖춘 날짜를 기준으로 배당에 참여할 수 있을 뿐이다.

② 경매개시결정일 이전에 대항요건을 갖추어야 한다.

어떤 부동산에 경매가 진행되고 있는지 등기부 등본을 보면 알 수 있음에도, 그런 집에 임대차계약을 맺는다는 것은 정상적으로 볼 수 없다. 실상 임차인도 아니면서, 배당을 받기 위해 집주인과 통정해서 악용되는 것을 막기 위해 경매 등기가 된 이후 전입한 임차인은 최우선변제대상에서 제외시킨다. 이런 규정을 두지 않고 모든 상황을 인정한다면 사회적 약자를 위한 사회보장제도가 오히려 채권자에게 손해를 미치는 결과가 되기 때문에 제한하는 것이다.

③ 배당요구종기일 이전에 배당요구를 해야 한다.

권리 행사를 위한 최소한의 행위인데, 임차인이라면 자신의 권리는 자신이 찾아야 한다. 법원이 알아서 챙겨주지 않는다. 임차인이 정해진 기한 내에 배당 요구를 해야만 배당에 참여할 수 있다.

| 최초 근저당 설정시기 | 지역구분 | 소액보증금 범위 | 최우선변제금 |
|---|---|---|---|
| 2008. 08. 21 ~ 2010. 07. 25 | 수도권 중 과밀억제권역 | 6,000만 원 | 2,000만 원 |
| | 광역시(인천, 군 제외) | 5,000만 원 | 1,700만 원 |
| | 그 밖의 지역 | 4,000만 원 | 1,400만 원 |
| 2010. 07. 26 ~ 2013. 12. 31 | 서울특별시 | 7,500만 원 | 2,500만 원 |
| | 수도권(서울 제외) | 6,500만 원 | 2,200만 원 |
| | 광역시 | 5,500만 원 | 1,900만 원 |
| | 기타 지역 | 4,000만 원 | 1,400만 원 |
| 2014. 01. 01 ~ 2016. 03. 30 | 서울특별시 | 9,500만 원 | 3,200만 원 |
| | 수도권(서울 제외) | 8,000만 원 | 2,700만 원 |
| | 광역시, 세종시 | 6,000만 원 | 1,500만 원 |
| | 기타 지역 | 4,500만 원 | 1,500만 원 |
| 2016. 03. 31 ~ 2018. 09. 17 | 서울특별시 | 1억 원 | 3,400만 원 |
| | 수도권(서울 제외) | 8,000만 원 | 2,700만 원 |
| | 광역시 | 6,000만 원 | 2,000만 원 |
| | 기타 지역 | 5,000만 원 | 1,700만 원 |
| 2018. 09. 18 ~ 현재 | 서울 | 1억 1천만 원 | 3,700만 원 |
| | 과잉역세권역, 세종, 용인, 화성 | 1억 원 | 3,400만 원 |
| | 광역시(군 제외) 안산, 김포, 광주, 파주 | 6,000만 원 | 2,000만 원 |
| | 기타 지역 | 5,000만 원 | 1,700만 원 |

④ 배당요구종기일까지 대항력(주택의 점유와 전입)을 유지한다.

배당요구를 하고 배당요구종기일까지만 거주하면 이후에 사정상 다른 곳으로 이사를 하더라도 최우선변제금을 받을 수 있다. 부득이 배당요구종기일 이전에 이사해야만 한다면 임차권등기가 경료된 후 이사하면 된다.

## ☑ 시기(최우선변제금의 기준이 되는 날)

옆 페이지의 표에서 '시기'는 최초 근저당설정 시기이다. 임차인의 전입 시기가 아니다. 예로, 해당 서울 소재 주택에 은행에서 2012년 10월 21일에 근저당을 설정했고, 임차인이 2014년 8월 13일에 전입, 확정일자를 받았다면 소액보증금 범위의 기준은 9,500만 원이 아니라 7,500만 원이 된다.

## ☑ 보장 한도

최우선변제금의 보장 한도는 낙찰금액의 2분의 1 범위 내에 한한다. 즉, 서울에서 최초근저당이 2015년에 설정되었고, 이후에 임차인이 9천5백만 원 이하의 보증금으로 임차하고, 대항력과 확정일자를 갖췄다면 경매 진행 시 최우선으로 3천2백만 원의 금액을 배당받아야 한다. 그러나 만약에 주택이 6천만 원에 낙찰된다면, 낙찰금액의 2분의 1인 3천 만 원 밖에 배당받지 못한다.

# Part 3

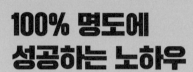

# 100% 명도에
# 성공하는 노하우

# 인도명령조차
# 신청해 본 적이 없는
# 나만의 비결

명도는 권리분석, 현장 조사와 함께 심리적으로 가장 부담을 느끼는 경매 과정이다. 명도에 대한 부담감에 아예 경매할 생각조차 포기하는 사람들도 보았다. 경매의 꽃은 명도라고 한다(어떤 이는 권리분석이 꽃이라 하기도 한다). 가장 중요한 부분이라는 말인데, 심지어는 명도만을 다룬 경매 책도 있다. 경매를 처음 하던 시절 내게도 큰 부담으로 다가왔기에 경매 초보 시절에 많이 읽었다.

입찰 한 번 못해본 사람이 명도에 관련된 책을 읽다니 지금 생각하면 우스울 수도 있지만, 경매하기 위해서는 꼭 거쳐야 하는 과정이기에 낙찰 후 닥쳐서 준비하는 것보다 미리미리 공부해서 대응책을 강구해야겠다는 심정이었다.

대부분의 경매 책에서는 잔금을 납부하는 동시에 인도명령을 신청하라 한다. 명도 협상이 잘 진행되지 않을 때 심리적인 압박을 줄 수 있으며, 협상 결렬 시 빠른 강제집행을 위한 선 조치라고 말한다. 하지만 이 의견에 반대한다. 점유자는 이유야 어찌 됐든 집을 비워줘야 한다는 사실을 알고 있다.

그럼 낙찰자는 이 사실을 인지하고 당근과 채찍을 제시하면 얼마든지 협상이 가능하다. 그렇기에 인도명령조차 신청할 필요가 없다. 나는 10년이 넘는 시간 동안 수없이 낙찰받고 명도를 해오는 동안 강제집행뿐만 아니라 인도명령조차 단 한 차례도 신청한 적이 없다. 이는 명도에 대한 이런 확고한 의지가 담겨있기에 가능했다.

내가 점유자와 명도 협상을 하며 근본적으로 여기는 생각은 '나가는 사람이 잘돼야(웃어야) 나도 잘된다'였다. 아이가 있는 부모님은 아이를 혼낸 경험이 있을 것이다. 아이가 잘되라는 마음에 꾸지람했겠지만, 아이도 마음이 아프고 결과적으로 부모는 더 속상하다. 아이를 위한 꾸지람으로 모두 원만하게 잘 마무리되는 것이 아니라 서로에게 상처만 남는다. 타인의 부당한 행위나 잘못으로 화를 낸 적이 있는지 기억을 떠올려 보자. 그냥 보고 지나치면 모를까, 그 사람에게 화를 내고 난 후 심정이 어떠했는가? 아마도 열에 아홉은 평온을 찾은 것이 아니라 오히려 가슴이 진정되지 않아 두근거리고 화가 치밀어 올랐을 것이다. 이렇게 상대방의 기분을 불편하게 해봐야 도리어 자신에게 안 좋은 감정만 생기니 차라리 상대방의 마음이 편해지길 바라는 것이 낫다. 그래야 나도 편해진다. 어찌 보면 지극히 나의 마음이 편해지고자 먹는 마음가짐이라지만 어쨌든 상대방도 감정이 상하지 않으니 윈윈하는 결과가 되지 않겠는가.

그래서 늘 '어떻게 하면 상대방의 감정이 상하지 않게 명도를 진행할까'에 초점을 맞추었다. 그리고 몇 번의 시도 끝에 아주 좋은 방법을 찾게 되었다. 우선, 내가 대리인이 되는 것이었다. 이 얘기는 내가 협상의 주체가 아니라 전달자 역할을 한다는 말이다.

즉, 이렇게 대리인 행세를 하며 나는 결정권자가 아니라 전달자 역할을 한다. 나는 결정권자가 아님을 밝힘으로써 점유자의 어려운 요구에 즉답을 회피하며 융통성을 발휘할 수 있게 된다. 그리고 대리인이 되면 가장 좋은 점은 점유자와 공감대를 형성할 수 있게 된다는 것이다.

사람은 자신이 옳고 그르든 자신의 말에 공감해주고 같은 감정을 느끼는 사람에게 호감이 가고 잘 대해준다. 대리인의 신분이지만 점유자를 도와주고 싶다는 인상을 심어주면 점유자는 내게 마음을 열고 도와달라고 요청하게 된다. 그럼, 나는 성격이 까다로운 사장을 대신하여 조건을 내걸고 협상을 진행할 수 있다. 나에게 직접 요구하는 것이 아니라 나는 전달만 하는 것이기에 협상을 편안하게 진행할 수 있다.

# 합리적으로
# 이사비를 주기 위해
# 협상하는 방법

"대표님은 보통 이사비를 얼마나 주세요?"

"얼마나 줘야 명도 협상이 잘되죠?"

"이사비는 얼마까지 줘 보셨어요?"

"이사비를 터무니없이 많이 달라고 하면 어쩌죠?"

이는 주로 수강생들이 하는 질문이다. 여기에 "네, 저는 보통 ○○만 원 드립니다"라고 말하지 않는다. 당연히 상황에 따라 다르게 주기 때문이다. 그러나 통상적으로 지불하는 평균에 대해 말한다면 명도하는 주택의 크기가 작으면 약 50만 원 선에서 2~30평형대면 100만 원 정도에서 이사비를 마무리하는 일이 많다. 물론 배당금을 전액 받는 임차인의 경우에는 이사비 없이 명도를 마무리하거나 상황에 따라 조건을 내세우고 약간의 이사비를 주기도 한다.

매매사업자는 명도에 들어가는 이사비를 경비로 처리할 수 있다. 양도소득세 계산 시 공제가 가능하다는 말이다. 그러나 일반인은 경비처리가 되지 않는다. 고스란히 그냥 지출되는 비용이다. 그냥 수익률을 떨어뜨리고 수익금을 줄이게 된다.

이는 장기투자 시에는 큰 차이가 없을 수도 있으나 단기투자 시에는 수익에 큰 차이를 준다. 현재 조정 대상 지역이 아닌 지역의 부동산을 1년 미만으로 단기투자하는 경우에는 40%의 양도소득세를 납부해야 한다(조정 대상 지역은 보유 가구 수에 따라 세율이 다르다). 여기에 양도소득세와 함께 납부하는 지방소득세(양도소득세의 10%)를 포함하면 최종 납부해야할 세액이 44%가 된다.

예를 들어 내가 매도한 금액에서 낙찰한 금액에 취득세, 중개 수수료, 법무 비용, 개인 공제 등을 빼면 양도 소득 금액이 되는데, 이 금액이 1천만 원 남았다고 하면 440만 원의 세금을 내야 한다. 여기서 만약 명도비로 200만 원을 지불했다면 실제는 800만 원이 수익이 되는데, 800만 원의 44%인 352만 원이 양도소득세가 아니라 440만 원의 세금을 부담해야 한다.

이는 경비로 인정이 되지 않으니 440만 원의 세금을 내면 결국 360만 원 밖에 수익이 나지 않게 된다. 물론 장기투자를 하게 된다면 이처럼 많이 납부하지는 않겠지만 자본금이 얼마 되지 않는 사람은 모든 물건을 1년 이상 투자해가며 기다릴 수만은 없다. 가끔 단기투자로도 자본금을 불릴 수 있다면 시세보다 저렴하게 낙찰받고 시세에 맞게 매도하여 적법하게 세금을 납부하여 수익을 올린다면 이런 것은 투기가 아니라 훌륭한 투자가 된다.

필자도 자본금이 1천만 원밖에 없던 시절에는 직장생활을 하며 단기투자를 주로 할 수밖에 없었다. 지방에 소형아파트 한 채 투자하고 나면 다시 투자할 여력이 없었기 때문이다. 그러니 이사비를 많이 줄수록 나의 수익률이 많이 떨어진다는 사실을 기억하자.

특히 중요한 건 이사비를 많이 준다고 무조건 점유자가 좋아하고 적게 준다고 무조건 싫어하는 것이 아니다. 많이 주면 줄수록 좋아하지 않느냐고? 물론 당연히 많이 줄수록 좋아할 수도 있지만 중요한 건 어떻게 주느냐에 따라 반응이 다르다는 것이다. 점유자가 이사비를 받을 때 원하는 비용을 쉽게 얻었다고 생각하면 불만족스러워하고 그만큼 받는데 쉽지 않았다고 생각하게 되면 같은 금액으로, 심지어는 더 적은 금액으로도 만족감을 느끼게 된다.

사람은 어렵게 얻은 것일수록 애착을 느끼게 되며, 쉽게 얻은 것은 대수롭지 않게 여긴다. 이사비도 이와 같다. 이사비로 같은 100만 원을 받게 되더라도 그 과정이 쉽지 않은 협상으로 얻게 되면 만족감을 느끼게 되는데, 너무 쉽게 얻게 되거나 더 받을 수 있었는데 조금밖에 못 받은 것 같으면 불만이 생기게 되고 명도하는 시간까지 미련을 갖게 된다.

그럼 어떻게 하면 점유자가 불만이 들지 않도록 이사비를 협상하는

지 생각해 보자. 먼저 점유자와 협상하는 과정에서 낙찰자가 생각하는 이사비가 있는지 물어본다. 점유자의 요구사항을 파악해야 대처 방안을 강구하기 좋다. 그러니 얼마를 주겠다는 자신의 패를 먼저 보이지 마라. 요구 금액을 들어보고 다음과 같이 행동해본다.

① 본인이 지불하고자 했던 금액과 비슷할 때

대체로 요구 금액의 절반부터 협상을 시작하는 것이 좋다. 그리고 잔금 납부일에 맞춰서 명도해줄 경우 더 지불하는 조건을 제시하든지, 명도하기 전에 집을 보러 오는 사람이 있다면 협조해주는 조건으로 더 지불해준다고 협상한다. 그러면 본인이 예상했던 금액이나 그 이하로도 협의가 가능해진다.

② 본인이 지불하고자 했던 금액보다 클 때

500만 원, 1천만 원 등 너무 큰 금액을 요구하면 난감해지는데, 그렇다고 너무 겁먹을 필요는 없다. 지금까지 이 정도 금액을 주고 해결한 적이 단 한 번도 없고, 나의 수강생들도 200만 원 이상 이사비를 지출한 적이 없다. 참고로 필자가 제일 많이 지불한 금액이 150만 원이었다. 이렇게 터무니없이 큰 액수를 요구하는 사람에게도 우선 내가 지불하고자 했던 최대치에서 절반 정도의 금액으로 협상을 시작했다. 당연히 펄쩍 뛰며 어림도 없다는 반응이 나올 수도 있다.

그러나 점유자는 경매를 처할 때부터 주변에 중개업소나 법률가에게 차후 진행 과정을 알아보게 되고, 결국에는 집을 비워줘야 한다는 사실을 알고 있기 때문에 협상에 응할 수밖에 없다. 그러니 협상만 효과적으로 진행하면 점유자의 요구를 낮출 수 있다. 터무니없이 높은 금액을 요구하면 내용증명을 발송하고 강제집행할 수 있음을 경고하며 유체동산도 압류에 처할 수 있음을 강조해야 한다.

# 명도에 응하지 않는 상대에 대처하는 법

명도에 응하지 않는 다시 말해, 막무가내인 상대라면 법적 절차를 내용증명을 통해 상상할 수 있도록 진행해야 한다. 그리고 이때는 감성적인 부분과 이성적인 부분을 적절히 활용한다. 다시 말해 전화 통화나 대면 접촉시에는 감성적인 면으로 접근하고, 내용증명을 통해 이성적인 판단이 가능하도록 한다.

나는 명도하는 과정에서 점유자를 두 번 이상 잘 만나지 않는다. 한 번은 낙찰받고 점유자의 전화번호를 알기 위해서이고, 두 번째는 명도 협상을 마무리하고 명도 협의서를 작성하기 위해서이다. 그럼 중간에는 어떻게 진행하냐고 궁금해하는 분들이 많은데, 전화 통화와 내용증명으로 마무리한다. 직접 만나서 말하는 것보다 내용증명을 보내는 것이 더 효과적이기 때문이다.

낙찰받고 점유자를 만나러 가면 10명 중 7명 정도는 명도에 비협조적으로 나온다. 이는 이사비를 조금이라도 더 받기 위함인데, 앞서 말했듯 소유자든 임차인이든 경매로 주택이 처분되면 집을 비워줘야 한다는 사실을 알고 있다. 집을 비워줘야 한다는 사실은 알지만, 타인에 의해 반강제적으로 어쩔 수 없이 집을 비워줘야 하는 상황이 이사비라는 보상심리로 작용하게 된다. 그러니 이런 감정적인 문제는 감정적으로 접근하는 것보다 이성적으로 접근하는 것이 효율적이다. 즉, 말보다는 글을 통해서 입장을 전달하면 좋다.

앞서 내용증명의 힘에 대해 잠깐 언급했듯이 사람은 말로 대화를 하면 감정적으로 대하기 쉽다. 갑자기 의도하지 않은 말이 튀어나와 감정이 상하기도 하며 협상하기는 더 어려워지기도 한다. 그러나 잘 정리된 글을 읽게 되면 차분히 자신의 상황을 되돌아보게 되고 명도에 비협조적일 때, 당할 법적 책임에 대한 부담감에 낙찰자에게 강하게 나오기 어렵게 된다.

그래서 필자는 수강생들에게 점유자와 첫 만남이나 전화 통화에서 강하게 나오는 것을 보고 너무 겁먹지 말라고 한다. 그런 상황에서는 더 대화할 필요 없이 내용증명을 보내라고 한다. 점유자가 내용증명을 받아 보게 되면 심리적 압박을 느끼게 되고 결국 협상에 응하게 된다. 그렇게 내용증명 발송 후 전화 통화에서 바로 명도 협상이 마무리되곤 한다. 그러니 점유자가 강하게 나온다고 겁먹지 말고 명도에 비협조적일 때 진행할 법적 절차와 점유자가 받을 불이익에 대해 자세히 기술해서 내용증명으로 보내자.

다시 말하지만, 내용증명을 보내는 목적은 점유자에게 심리적으로 압박을 가하기 위함이다. 그러니 명도에 비협조적일 경우에 점유자가 받게 될 불이익에 대해 법적인 처벌을 강조해야 한다. 또한, 내용에 사용하는 표현은 다소 강한 어조로 작성해야 한다. 곤란한 사정 이야기를 하거나 평범하게 보내면 오히려 효과가 반감될 수 있으니 강력한 문구를 사용한다. 내용증명은 작성한 내용을 3부 출력하여 우체국에 접수하면 된다. 3부 모두 도장을 찍어서 한 부는 발송하고, 한 부는 우체국에서 보관하며, 한 부는 돌려준다.

**작성 순서**

① **제목** 상황에 맞는 제목을 적는다. '내용증명', '최후통보', '매매계약해지 통보', '법적절차 통보', 등 상황에 맞는 제목을 적는다.

② **당사자** 쟁점의 당사자인 발신인의 성명과 주소를 기재하고, 다음 줄에 수신인의 성명과 주소를 기재한다.

③ **내용** 자신의 상황을 설명하고, 앞으로 진행할 절차를 고려하여 내용을 작성한다.

④ **서명** 문서를 작성하면 발송인의 성명을 적고 도장을 찍는다.

(3부를 작성해서 문서마다 날인하고, 문서 간 간인)

인터넷 우체국 웹페이지

우체국에 방문할 시간이 없거나 디지털을 이용하는 게 편한 사람은 인터넷우체국(http://www.epost.go.kr/)에서 내용증명을 발송해도 된다.

사람은 위기에 처하거나 본인의 판단에 100% 확신이 서지 않으면 타인의 주장이나 의견에 휘둘리기 쉽다. 그렇기에 본인이 결정한 사안을 종종 번복하기도 한다. 대부분의 점유자는 낙찰자와 협의를 마치면 약속한 대로 이행한다. 하지만 간혹 약속을 지키지 않아 명도를 힘겹게 마무리 짓기도 한다. 대부분의 점유자는 낙찰자에게 받는 것이 있다.

임차보증금을 한 푼도 못 받는 임차인이나 소유자는 다만 얼마라도 이사비를 받을 것이며, 최우선변제금 이상 받는 임차인은 최소한 명도확인서라도 낙찰자에게 받아야 한다. 즉, 사연이야 어찌 됐건 낙찰자에게 무언가는 받아야 한다는 사실이다. 이를 조건으로 점유자와 명도 협상을 했을 테니 되도록 합의 내용을 문서로 기록해 두는 것이 좋다.

합의 및 이행각서

성 명 :
주민등록번호 :
주 소 :

https://cafe.naver.com/majorauction/597

**합의서를 작성하는 요령**

**제목** '합의서', '합의 및 이행각서' 등

**성명** 각서인의 성명

**주민번호** 800101-1******

**주소** 서울특별시 강남구 ○○동 ○○아파트 100동 100호

**내용** 협의 내용과 불이행 시 받을 불이익과 약속 이행 시 지불할 이사비 등을 명시

**서명 및 날인** 점유자와 낙찰자의 서명 및 날인

# 명도 확인서부터
# 먼저 달라는 경우의 대처법

"이사할 비용이 없어요. 배당받으면 바로 나갈 테니 명도 확인서부터 주세요."

"명도 확인서 주시면 집 비워드릴게요."

간혹 이렇게 말하며 명도 확인서부터 달라는 사람들이 있다. 점유자가 배당을 받으려면 법원에 낙찰자의 명도 확인서와 인감증명서를 제출해야만 한다. 이 중 하나라도 없다면 법원에서는 배당해주지 않는다. 즉, 명도 확인서는 낙찰자가 점유자와 협상할 때 가장 강력한 무기가 될 수 있다는 말이다.

그런데, 집도 명도받지 않은 상태에서 무기를 그냥 넘겨준다? 점유자가 약속 날짜에 이사하면 다행이지만 만약 약속을 지키지 않고 집을 비워주지 않는다면 난처해진다. 실제로 그런 상황을 보았다. 점유자의 말만 믿고 명도 확인서를 미리 건넸다가 집을 비워주지 않아 몇 달간 고생한 것이다. 그러니 명도 확인서를 미리 달라고 해도 절대로 먼저 주지 말고 꼭 집을 비워줄 때, 열쇠를 넘겨받으며 줘야 한다.

그럼, 이렇게 돈이 하나도 없어서 이사도 못 하고 배당받아야만 나갈 수 있다고 명도확인서를 미리 달라면 어떻게 대처해야 할까? 지금까지의 경험으로 보건대, 가장 효과적인 방법은 미리 이사할 집을 계약하게 유도하고 배당 일에 집 열쇠를 넘겨받으며 명도 확인서를 건네주는 것이다.

간혹 이사할 비용이 없어 배당받을 때까지 기다렸다 배당금으로 이사를 한다는 사람이 있는데, 되도록 명도비용으로 이사비를 조금 지불하는 조건으로 그 전에 집을 비우는 방향으로 협상을 마무리하면 좋지만, 굳이 월세를 구할 비용도 없으니 이사비로는 그전에 못 나간다는 사람들이 있다. 이런 사람들에게는 먼저 이사할 집을 구하라고 말한다. 돈이 없다고 하면 계약금만 지불하고 잔금은 배당일에 지급하는 것으로 계약하라고 하라. 어차피 계약하고 보통 1개월 후에 입주하니 배당일에 맞춰 잔금을 지급하는 것으로 하면 된다.

이렇게 협의하고 이사하는 날에 집을 비우는 것을 확인한 후 명도 확인서와 인감증명서를 건네주면 된다. 그럼 점유자는 법원에 가서 배당금을 수령하고 그 돈으로 잔금을 지불하면 된다.

이렇게 얘기하면 점유자도 더는 명도 확인서를 달라고 강요하지 못한다. 위와 같은 방식으로 협상을 하고 헤어지고 나면 대부분이 배당일 전에 이사한다. 나에게도 명도 확인서를 미리 달라거나, 배당금을 받아야만 이사할 수 있다고 했던 사람들이 몇 명 있었으나, 명도 협상을 마무리하고 나면 그 전에 집을 비운다. 여기에는 집을 빨리 비워 이사비를 조금이라도 더 받고 싶기 때문이다.

## 명 도 확 인 서

사 건 번 호 :    타경    부동산임의경매
이      름 :
주      소 :

　　　　　위 사건에서 위 임차인은 임차보증금에 따른 배당금을 받기 위해 낙찰인에게 목적부동산을 명도하였음을 확인합니다.

첨부서류 : 낙찰인 명도확인용 인감증명서 1통

년      월      일

낙 찰 인                          인
연 락 처

○ ○ 지방법원 (경매 ○계) 귀중

☞유의사항
1) 주소는 입찰기록에 기재된 주소와 같아야 하며, 이는 주민등록상 주소이어야 합니다.
2) 임차인이 배당금을 찾기전에 이사를 하기 어려운 실정이므로, 낙찰인과 임차인간에 이사 날짜를 미리 정하고 이를 신뢰할 수 있다면 임차인이 이사하기 전에 낙찰인은 명도확인서를 줄 수도 있습니다.

https://cafe.naver.com/majorauction/595

대부분의 점유자는 낙찰자와 협의를 마치면 약속한 대로 이행한다. 하지만 간혹 약속을 지키지 않아 명도를 힘겹게 마무리 짓기도 한다. 대부분의 점유자는 낙찰자에게 받는 것이 있다. 임차보증금을 한 푼도 못 받는 임차인이나 소유자는 다만 얼마라도 이사비를 받을 것이며, 최우선변제금 이상 받는 임차인은 최소한 명도 확인서라도 낙찰자에게 받아야 한다. 즉, 사연이야 어찌 됐건 낙찰자에게 무언가는 받아야 한다는 사실이다. 이를 조건으로 점유자와 명도 협상을 했을 테니 되도록 합의 내용을 문서로 기록해 두는 것이 좋다.

# Part 4

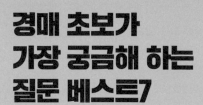

## 경매 초보가
## 가장 궁금해 하는
## 질문 베스트7

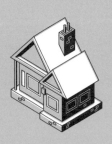

# 감정평가서와
# 비교해 보니 실제는 많이 다른데
# 어떻게 해야 하나요

감정평가액에 대해 정확히 이해하지 못한 이들이 있다. 대체로 감정
평가액은 해당 부동산의 시세를 반영한 금액이지만 실제 입찰 당시의
시세와 다른 경우가 제법 많다. 그래서 시세를 제대로 조사하지 않은 사
람들은 급매가보다도 높은 가격에 낙찰받아 잔금 납부 여부를 고민하거
나, 입찰 보증금을 포기하는 등 난처한 상황에 빠지곤 한다. 그럼 이런
일들은 왜 벌어지는 것일까?

첫째, 감정평가 시기와 입찰 시기 간의 시간적 차이가 있다. 채권자
가 법원에 경매를 신청하면 감정평가회사에서 해당 부동산을 방문하고
주변 탐문과 과거 거래사례와 비교해 적정 시세를 판단한 후 법원에 감

정평가서를 제출한다. 이 감정평가서상의 가격이 최초 매각가격이 되는데, 감정평가를 하는 시점과 경매가 진행되는 시점은 차이가 난다. 짧게는 6개월에서 길게는 1년 이상 차이가 나기도 한다. 그러니 그 사이에 시세 변동이 있어서 차이가 발생하게 된다.

특히 가격이 급격히 변동하는 시기에는 감정평가액과 시세가 많이 차이 나게 된다. 부동산이 상승기라 시세가 올랐다면 다행이지만, 부동산 시장이 하락기라 가격이 많이 하락한 시점에 감정평가액을 시세로 착각하고 입찰하면 급매가 보다도 비싸게 낙찰받을 수도 있으니 감정평가한 시기를 잘 파악해야 한다.

둘째, 국토교통부 실거래가는 실제 거래가격이 아니라, '신고된 가격'이다. 국토교통부에서 부동산 실거래가를 공개하고 있다. 하지만 이 거래 가격이 실제 거래된 가격이 아니라 거래 당사자들에 의해 신고된 가격이라는 점을 알아야 한다. 즉, 얼마든지 실제 거래가격과 다르게 신고될 수도 있다는 이야기다. 이는 세금을 적게 내기 위한 방법으로 업·다운 계약서를 쓰는 경우에 실제 거래되는 시세와 다르게 신고될 수 있다. 지금은 강력한 처벌 규정으로 예전보다 거래가격을 부풀리거나 축소 신고하는 사례가 많이 줄었지만 100% 없어졌다고 말할 수는 없다.

셋째, 대물변제의 경우에는 시세와 다르게 신고될 수 있다. 대물변제란 채무자가 부담하고 있던 본래의 채무이행에 대체하여 다른 급여를 함으로써 채권을 소멸시키는 것을 말하는데, 쉽게 요약하면 지불해야할 금전 대신 부동산이나 유가증권 등으로 변제하는 것을 말한다.

아파트가 미분양되면 시공사는 납품받은 원자재나 인건비를 현금으로 지불할 여력이 없어 미분양된 아파트를 대신 지불하는 때가 있다. 이때 미분양된 아파트는 분양가보다 낮은 금액으로 거래가 되는 일이 많지만, 시공사 입장에서는 정상적인 분양가격으로 책정하여 지불하므로 이 가격이 거래가격으로 되고, 국토교통부에 신고된다. 이런 이유로 실제 거래되는 가격과의 차이가 발생한다.

**9월**

| 전용면적(㎡) | 계약일 | 거래금액(만원) | 층 |
|---|---|---|---|
| 84.4423 | 11~20 | 14,355 | 12 |
| 84.4423 | 11~20 | 14,355 | 13 |
| 84.4423 | 1~10 | 14,355 | 4 |

**8월**

| 전용면적(㎡) | 계약일 | 거래금액(만원) | 층 |
|---|---|---|---|
| 84.4423 | 1~10 | 14,355 | 4 |

**6월**

| 전용면적(㎡) | 계약일 | 거래금액(만원) | 층 |
|---|---|---|---|
| 84.4423 | 21~30 | 14,355 | 5 |
| 84.4423 | 21~30 | 14,355 | 12 |

**5월**

| 전용면적(㎡) | 계약일 | 거래금액(만원) | 층 |
|---|---|---|---|
| 84.4423 | 11~20 | 14,355 | 8 |

**4월**

| 전용면적(㎡) | 계약일 | 거래금액(만원) | 층 |
|---|---|---|---|
| 84.4423 | 11~20 | 14,355 | 4 |
| 84.4423 | 11~20 | 14,355 | 9 |

위의 그림을 보면 층수, 거래 시기에 상관없이 일만 원 단위까지 똑같은 금액으로 신고되어 있다. 신고된 가격은 대물변제로 신고된 아파트일 가능성이 크다.

넷째, 통계수치다. 감정평가회사는 경매 목적물인 부동산의 적정 가격을 책정하기 위해 조사 시점에서의 매물, 당시의 거래 사례 등 여러 가지 방법을 이용한다. 동일한 조건의 부동산이 조사 당시 신고된 가격이 있다면 그 가격을 기준으로 해당 부동산의 조건을 파악해 금액을 가감한다. 만약 비슷한 조건의 사례가 없다면 과거 거래 사례를 이용하고, 이마저 없다면 주변 부동산 중 비슷한 건축 시기, 비슷한 넓이의 부동산과 비교하여 통계적으로 가감하여 결정한다. 그렇다 보니 해당 부동산의 거래된 사례가 없다면 통계적 방법으로 구한 추측성 가격이 감정평가액이 된다.

이러한 이유로 감정평가액은 말 그대로 참고만 할 뿐 정확한 시세는 항상 현장에서 정확히 조사해야만 한다. 더불어 가끔 주변 같은 조건의 부동산보다 확연히 차이가 나는 거래 금액이 있다면, 이는 정상적인 가격이 아니므로 시세 조사 시 예외로 여기고 적정 시세 자료에서 제외해야 한다.

# 직장생활을 하면서도
# 경매 투자 잘할 수 있을까요

경매 투자를 하기 위해 현장을 방문하는 횟수를 따져보자.

1회 시세 조사 겸 현장 방문

2회 법원 입찰

3회 낙찰 후 명도 협상

4회 명도

5회 수리 및 인테리어

6회 매도 및 임대차 계약

이렇듯 최소 5회 이상 방문해야 한다. 명도나 수리 과정에서 1, 2회 더 방문하면 7번 이상 방문해야 한다. 이는 낙찰받은 경우이지만 입찰할 때마다 모두 낙찰받지 못한다. 기본적으로 2, 3회 이상 입찰해야 한 번 낙찰받게 된다. 이를 생각하면 부동산 한 건을 낙찰받아 처리하기까지는 평균 10번은 현장에 방문해야 한다는 사실이다.

직장생활을 하는 경우라면 이렇게 시간을 내는 것은 부담스러운 일이다. 특히 법원 입찰은 평일에 이루어지니 휴가를 본인이 마음대로 조절 가능한 직장인 이외에는 입찰조차 버거운 것이 현실이다. 이런 어려움들 때문에 직장인들에게 경매보다도 공매를 권한다. 경매와 공매를 간단히 비교해보면 다음과 같다.

| 구분 | 법원 경매 | 온비드 공매 |
| --- | --- | --- |
| 매각 가격 저감 | 통상 전 회차 가격의 20~30%<br>약 한 달에 한 번씩 저감 진행 | 전 회차 가격의 10%씩 저감<br>1주일에 한 번씩 진행 |
| 입찰일 | 각 법원마다 지정된 기일 | 통상 월요일~수요일 오후 5시까지 |
| 입찰 방법 | 해당 기일에 진행 법원에서 입찰 | 인터넷, 스마트폰으로 입찰 |
| 입찰보증금<br>(매수신청보증금) | 최저 매각 가격의 10%<br>현금이나 수표, 보증보험으로 직접 제출 | 최저 매각 가격의 10%<br>스마트뱅킹, 인터넷 뱅킹 납부 |
| 인도명령/<br>명도책임 | 점유권원 없는 모든 점유자를 상대로 잔금 납부 후 6개월 이내 신청 | 명도책임은 매수자에게 있으며, 인도명령제도 없이 명도 소송으로 해결해야 함 |
| 농지취득<br>자격증명 | 매각결정기일(7일) 이내 제출<br>미 제출 시 보증금이 몰수됨 | 소유권 이전 등기 촉탁 신청 전까지 제출. 미 제출 시 보증금이 몰수됨 |

전 페이지의 표에서 보듯이 경매는 평일, 지정된 날짜에 법원에 방문해서 입찰에 참여해야 한다. 반면 공매는 월요일부터 수요일 오후 5시까지 온라인으로 입찰한다(스마트폰으로도 입찰이 가능하다). 심지어 법원은 입찰 보증금을 현금이나 수표로 은행에서 찾아 납부해야 하지만, 공매는 온라인으로 송금하면 된다. 평일에 근무하는 직장인에게는 너무도 편리한 방법이다. 그러니 현장 조사, 명도, 수리 등은 주말을 이용하면 직장인도 얼마든지 공매로 부동산 투자를 할 수 있다.

더 나아가 공매물건은 법원 경매물건보다 권리분석에 조금 더 신경써야 하고, 인도명령제도가 없어 명도에 조금 부담스러울 수 있으나 이는 공매를 하는 사람에게는 오히려 장점이 된다. 같은 부동산이라도 입찰자가 현저히 적으며 낙찰가 또한, 경매물건보다 평균 10% 이상 저렴하다. 이것이 공매물건을 권하는 이유다. 나의 수강생들도 직장생활을 하면서도 공매물건을 낙찰받아 훌륭한 수익을 낸 이들이 많다.

# 경매를 전업으로 해도 괜찮을까요

"경매를 전업으로 해도 될까요?"

경매를 처음 시작하는 사람들이 가장 많이 하는 질문 중 하나다. 직장에 대한 회의가 들거나 힘들어서, 현재 하는 자영업이 잘 안 돼서 다른 일을 찾고 싶어 하는 이들이다. 내 주변에는 경매를 전업으로 하는 사람이 여럿 있다.

물론 필자도 전업 투자자이지만 엄밀히 말하면 여러 가지 일을 동시에 하고 있다. 그 이유는 부동산 투자만 하기에는 시간이 아주 여유롭기 때문이다. 부동산으로 돈을 많이 벌기 때문이 아니라 부동산 투자만 하기에는 시간상으로 여유롭다는 말이다. 부동산 투자는 매일 출근해야 하는 직장인이나 매일 무언가를 판매해야 하는 자영업자와 다르다. 부동산 투자하는 과정을 간단하게 살펴보자.

1. 투자 대상 물색하기
2. 수익성 검토하기
3. 현장 조사 및 낙찰(또는 계약)
4. 매도 또는 임대

위의 과정은 간단해 보이지만 하나의 부동산 투자가 완전히 마무리되려면 제법 시간이 오래 걸린다. 짧게는 3개월에서 길게는 몇 년이라는 시간이 필요하다. 그러니 그 투자하는 동안 매일 부동산에 방문할 필요는 없으니 시간상으로 매우 여유롭다는 얘기다.

그래서 여유 시간을 활용하여 경매와 함께 저자, 강사, 사업자로 여러 일을 하고 있다. 이는 경매로 어느 정도 자리를 잡았기에 가능했다. 앞서 밝혔듯이 하나의 부동산 투자가 마무리되어 매도하든 임대차로 계약하여 수익을 올리든 그 기간에는 수익이 발생하지 않는다. 즉, 다른 수입원이 없다면 재정적으로 곤란한 상황에 처할 수 있다.

어떤 사람은 저축해 놓은 돈이 있으니 그 돈으로 버티면 된다고 생각하지만 크게 착각하는 게 있다. 부동산 투자의 기본은 기다림이다. 시간에 쫓기면 제대로 된 투자를 할 수 없게 된다. 투자할 마땅한 물건이 없거나 경매로 낙찰을 한동안 못 받게 되면 불안해진다.

나도 경매로 전업을 하며 약 4개월 동안 단 한 건도 낙찰받지 못한 때도 있었다. 이렇게 되면 철저한 수익률에 따라 입찰하던 내가 어느 순간 수익률보다 낙찰에 초점을 맞추고 수익률과 상관없이 입찰 금액을 올려 쓰고 싶은 충동을 느끼게 된다.

　낙찰받은 후에도 마찬가지다. 수익을 실현할 예상 시기를 넘기게 되면 슬슬 불안해진다. 줄어가는 통장의 잔고를 바라보면 원하는 가격에 처분하기까지 기다리기가 힘들어진다. 결국 금액을 내리는 방향으로 가게 되고, 자칫하면 오랜 기간 동안 무수입으로 버텨야 할 상황이 발생할 수도 있다.

　내가 전업으로 경매를 선택할 수 있었던 가장 큰 이유는 아내의 수입이 있었기 때문이었다. 아내는 규모도 있고 안정된 회사에 다닌다. 직급도 높은 편이라 당분간 수입이 없어도 버틸 수 있었기에 고민 끝에 경매를 전업으로 선택할 수 있었다. 이렇게 경매 이외의 수입원이 없다면 전업으로 생각하지 말기 바란다. 경매를 처음 시작하는 시기에는 직장이나 자기 일을 하며 얼마든지 경매 투자를 할 수 있다.

　수강생 중 한 명은 직장생활을 하며 1년에 3건이나 낙찰받고 모두 3개월에서 6개월 이내에 처리했다. 이 정도는 얼마든지 투자가 가능하니 1년에 5건 이상 투자하지 않는다면 경매를 전업으로 하지 마라. 필자의 경우도 처음 경매에 입문할 때는 직장생활과 병행했다. 이후 1년에 투자하는 수가 3건, 5건, 7건… 이렇게 늘어나니 도저히 직장생활과 병행할 수 없었고, 고민 끝에 전업을 결심했다. 다시 말하지만, 당신의 일을 하며 얼마든지 부동산에 투자할 수 있으니 도저히 시간상으로 두 가지 일을 병행하기 버거워지면 그때 신중히 고민하고 결정해도 늦지 않다.

# 단기투자하면
# 양도소득세가 40%가 넘는데
# 수익을 낼 수 있을까요

부동산에 관련된 세금을 보면 취득할 때에는 취득세와 농어촌특별세와 교육세를 보유할 때에는 재산세와 종합부동산세를, 매도할 때에는 양도소득세와 지방소득세를 납부해야 한다. 대부분 부동산의 금액과 넓이에 따라 일정한 비율로 세금을 과세하는 데 반해 양도소득세는 여기서 한 걸음 더 나아가 보유 기간에 따라 납부해야 할 금액에 큰 차이를 보인다.

정부에서는 부동산 투기를 막고자 장기투자와 단기투자로 구분하여 단기투자에 대해서는 많은 양도소득세를 부과한다. 단기투자와 장기투자의 기준을 1년으로 보는데 장기투자는 차익의 크기와 보유 기간에 따라 세율이 달라진다.

하지만, 단기투자 시에는 양도 차익의 크기에 상관없이 무조건 40%를 세금으로 부과한다(조정지역은 보유 가구 수에 따라 가산세가 붙을 수 있다). 여기에 양도소득세의 10%를 지방소득세로 납부하면 결국 수익의 44%를 단기투자 시 양도소득세로 44%를 납부해야 한다.

예를 들어 부동산을 매입하여 1천만 원의 수익을 냈다면 440만 원을 세금으로 납부해야 한다는 말이 된다. 정말 많은 금액을 세금으로 납부해야 한다. 절세하고 싶다면 1년 이상 보유한 후에 매도하면 된다. 그럼 확실히 세금이 많이 줄어든다.

하지만 투자할 수 있는 자본이 소액인 사람은 1년 이상 보유하는 것이 부담스러울 수 있다. 특히 부동산 침체기에는 장기투자가 불안할 수도 있다. 그러니 이런 사람들은 높은 세율의 양도소득세를 납부하더라도 투자 자금을 늘리고 투자 경험을 쌓을 방법으로 단기투자를 해볼 만하다.

## ☑ 양도소득세율

양도소득세는 크게 보유기간과 과세표준 금액의 범위에 따라 양도세율이 달라진다.

| 보유 기간 | 양도세율 |
|---|---|
| 1년 미만 | 40% |
| 1년 이상 | 6~42% (과세표준금액에 따라 다름) |

보유 기간에 따른 양도세율(주택)

| 과세표준 | 세율 | | 누진공제 |
|---|---|---|---|
| | 기본세율 | 비사업용<br>토지세율 | |
| 1천2백만 원 이하 | 6% | 16% | |
| 1천2백만 원 초과<br>4천6백만 원 이하 | 15% | 25% | 108만 원 |
| 4천6백만 원 초과<br>8천8백만 원 이하 | 24% | 34% | 522만 원 |
| 8천8백만 원 초과<br>1억5천만 원 이하 | 35% | 45% | 1,940만 원 |
| 1억5천만 원 초과<br>3억 원 이하 | 38% | 48% | 1,940만 원 |
| 3억 원 초과<br>5억 원 이하 | 40% | 50% | 2,540만 원 |
| 5억 원 초과 | 42% | 52% | 3,540만 원 |

**과세표준 금액의 범위에 따른 양도세율**

내가 처음 경매 투자하던 때는 1년 내 단기 매도 시 양도소득세율이 무려 50%였다. 여기에 양도소득세의 10%를 지방소득세로 내야 했다. 결국 수익의 55%를 양도소득세로 납부해야 했다. 즉 부동산 투자로 1천만 원이 남았다면 550만 원을 양도소득세로 납부해야 했다. 단기 투기 세력을 막기 위한 조치이긴 하지만, 투자자 입장에서는 단기 매도 시 양도소득세율이 지나치게 높아 보이는 것은 사실이다.

앞서 밝혔듯이 내가 경매로 투자할 수 있는 돈은 3년간 모은 1천만 원이 전부였다. 1천만 원으로 여러 부동산에 투자할 방법은 극히 적다. 초창기에 했던 소액 토지 투자(100~300만 원 사이) 이외에는 아주 저렴한 주택 한 채 매입하면 더는 투자할 여력이 없다.

그런데, 이렇게 하나를 투자해 놓고 1년 이상 기다릴 수 없었다. 그래서 단기로 투자해도 수익이 날 수 있는 물건을 찾았고 철저히 수익 금액을 계산하고 입찰했다. 그렇게 단기 투자를 계속 반복하여 자본을 불렸고, 자본이 어느 정도 규모를 이루게 되자 단기투자와 장기투자를 같이 병행하고 있다.

자본에 여력이 있다면 당연히 1년 이상 투자하면 양도소득세율이 크게 줄어드니 메리트가 있으나, 단기투자로도 얼마든지 수익을 낼 수 있으니 걱정하지 말자. 초보일수록 단기투자를 경험해 보는 것도 좋다. 빠른 시간 내에 수익을 실현하게 되면 큰 성취감을 느낄 수 있게 되고, 또 투자하고 싶은 생각이 들게 된다.

단, 단기투자 시에는 조심해야 할 사항이 있다. 임대사업자나 부동산 매매사업자를 제외하곤 경비로 인정되지 않는 항목이 많아 양도차익에서 공제되는 금액이 적다는 사실을 생각해야 한다. 새시, 난방 공사, 확장 공사 등 부동산의 가치를 올리는 자본적 지출 외에 도배, 장판, 페인트, 화장실 수리, 싱크대 수리 등에 들어간 비용은 경비로 인정되지 않는다. 그러니 이런 비용들은 양도소득세 신고할 때에 보이지 않는 손실이 되어 수익 금액을 줄이게 되니 계산을 철저히 해야 한다. 말로는 이해가 어려울 것 같아 예를 들어 설명하겠다.

**조정지역 외에 소재한 아파트**

매입가(경락가) : 1억 원

매도가 : 1억 2천만 원

취득세 : 100만 원

소유권이전비(법무사 지급) : 50만 원

매도중개수수료 : 60만 원

내부수리비 : 도배+장판+싱크대 수리+화장실 수리+기타잡비 250만 원


**단기투자 시 납부해야 할 세금**

① 1억2천만 원 - 1억 원 - 100만 원 - 50만 원 - 60만 원 - 250만 원 - 250
만 원(기본공제) = 1,290만 원 ⇨ 실제 차익

납부해야할 세금 = 1,290만 원 × 44%(지방소득세 포함) = 약 567만 원

② 1억 2천만 원 - 1억 원 - 100만 원 - 50만 원 - 60만 원 - 250만 원(기본
공제) = 1,540만 원 ⇨ 납부해야할 차익

납부해야할 세금 = 1,540만 원 × 44%(지방소득세 포함) = 약 677만 원

※기본공제 : 부동산 매도시 1인당 1년에 250만 원 공제 가능


위의 계산에서 보듯이 실제로는 1,290만 원밖에 남지 않았지만 세금
은 50%가 넘는 677만 원을 납부해야 한다. 그러니 이점을 잘 생각하
고 투자해야 한다. 단기투자로 500만 원의 수익을 남기고 싶다면 차익

의 약 44%를 납부하고 500만 원이 남는다고 계산하는 것이 아니다. 세금과 경비로 약 50%가 넘는 비용이 지출되니 최소 1천만 원은 차익이 발생해야 44%의 양도소득세를 납부하고 500만 원의 수익을 실현할 수 있게 된다.

# 대출 규제가 심한데
# 저도 경락 대출을
# 받을 수 있을까요

근래 2년 동안 8번이 넘는 부동산 대책이 발표됐다. 투기를 억제하기 위해서라지만 현실적으로 일반 서민들이 더 힘들어지는 것이 아닌가 생각이 들기도 한다. 이 부분에 대해 하고자 하는 말은 많지만 여기서 다룰 사항은 아니기에 경락 대출에 관해서만 얘기해 보자. 예전에는 지금보다 확실히 경락 대출 환경이 좋았다.

내가 초기에 투자할 당시 아파트와 다세대 주택은 항상 낙찰가의 80%에 해당하는 금액이 담보로 대출 가능했다. 원래 경매는 일반 매매보다 대출환경이 더 유리했다. 이는 당연하다 생각된다. 경매는 채권이 부실화돼서 진행된다. 이렇다 보니 경매 물건이 빠른 시간 내에 해결되지 않고, 물건이 계속 쌓이게 되면 국가 경제에도 별로 이롭지 않게 된다. 그렇다 보니 일반 매매 보다 경매로 낙찰받는 경우 여러 가지 유리한 점이 있었다. 가장 큰 특징으로 담보 대출가액이 더 높으며, 토지거래 허가구역 매입 시에도 유리했다. 그러나 지금은 정부에서 DTI(총부채상환비율)와 LTV(담보인정비율), 심지어 DSR(총부채원리금상환비율)까지 내세우며 대출을 옥죄고 있다. 더불어 경락 잔금 대출도 까다로워지고 있다.

> **조정대상지역**
> 성남, 하남, 고양, 광명, 남양주, 동탄 2, 부산(해운대, 연제, 동래, 수영, 남, 기장, 부산진)
>
> > **투기과열지구**
> > 서울(구로, 금천, 동작, 관악, 은평, 서대문, 종로, 중, 성북, 강북, 도봉, 중랑, 동대문, 광진), 과천시
> >
> > > **투기지역**
> > > 서울(강남, 서초, 송파, 강동, 용산, 성동, 노원, 마포, 양천, 영등포, 강서), 세종시

예전에는 아파트를 낙찰받을 경우에 낙찰가의 80%까지 대출이 가능했으나, 지금은 조정지역을 제외한 지역에서 KB시세(우리나라의 은행 주택담보대출은 KB은행의 시세를 기준으로 한다)의 60%와 낙찰가의 80% 중더 낮은 금액까지 대출이 가능하다(DTI, LTV, DSR의 적용은 지역별, 은행별로 약간 차이가 있을 수 있으므로 직접 문의하는 것이 좋다).

예를 들어 감정가 1억2천만 원 아파트를 1억 원에 낙찰받는다면, 낙찰가 1억 원 × 0.8 = 8천만 원에 KB시세 1억2천만 원 × 0.6 = 7천2백만

원이니, 최대 7천2백만 원까지 대출이 가능하다는 이야기다. 같은 가격에 낙찰받더라도 예전보다 자기자본이 더 많이 들어가는 것은 틀림없지만 소유하고 있는 주택이 있더라도 경락 잔금대출이 가능하다.

경매법정에서 명함을 나눠주는 대출중개인을 이용하면 더 많이 대출을 받을 수도 있다. 하지만 일정 수수료와 이율이 조금 더 높을 수 있으니 따져보고 이용해야 한다. 조금 귀찮더라도 입찰하기 전에 대출 가능 금액을 알아보는 것도 좋다.

은행에 전화해서 대출계와 연결되면 사건번호를 알려주고 예상 입찰가를 말해주면 된다. 그러면 입찰가가 낙찰가라는 가정 하에 대출 가능 금액을 알려준다. 은행마다 대출 상품과 요건이 다르니 몇 군데 전화해보는 것도 좋다.

경락 대출은 경락받은 부동산을 담보로 대출을 받는 것이므로 신용에 특별히 문제가 없는 한 무난히 대출이 실행된다. 신용등급이 좋거나 소득(연봉)이 높다면 신용대출까지 이용해서 더 좋은 조건으로 더 많은 금액을 대출받을 수도 있다. 또한, 주택임대사업자나 부동산매매 사업자는 대출 조건이 일반인보다는 조금 유리하니 부동산 투자를 계속할 생각이라면 사업자등록에 관해 한 번쯤 생각해볼 필요도 있다.

# 경락 대출이
# 잘 실행되지 않는
# 물건이 있나요

은행의 주 수입원은 대출이자이다. 대출을 많이 실행해서 이자를 많이 받아야 한다. 하지만 원금손실의 위험도 있으니, 사고가 나서 원금의 회수가 어렵거나 원금의 손실을 최대한 방지하기 위해 대출 조건을 까다롭게 규정하고 있다.

또한, 채권자가 이자를 납부하지 않는다든지, 사업이 부도난다든지 갑자기 채권을 회수해야 할 문제가 발생하면 최대한 채권을 빨리 회수해야 하므로 부동산의 종류별로 대출 한도 가능액도 다르다. 이는 부동산별로 환금성에 따라 결정되는데, 환금성이 가장 좋은 아파트가 시세 대비 대출 비율이 가장 높고 환금성이 가장 떨어지는 토지가 시세 대비 대출 비율이 가장 낮다. 그러니 토지에 투자하고 싶다면 아파트보다 자기자본이 더 많이 필요하다는 사실을 알아야 한다.

이렇게 은행은 최대한 사고가 나지 않을 안전해 보이는 부동산, 그리고 신용에 문제가 없는 사람에게 대출을 실행하려 한다. 그러니 매각으로 진행되는 사건에 '유치권 신고 있음', '건물만 매각', '선순위 인수되는 권리가 있는 물건', '대항력 있는 임차인이 있는 물건', '위법건축물로 건축물대장에 등재된 물건' 등 특이사항이 있는 사건은 대출이 잘 실행되지 않는다.

그리고 대출이 실행되더라도 보통은 일반물건보다 대출한도가 적으며 이자율도 높다. 그러니 매각명세서나 특별매각 조건에 특이 사항이 기재되어 있다면 대출이 가능한지 미리 알아보고 입찰하는 것이 좋다. 자칫하면 대출받지 못해 잔금을 미납하는 사태가 벌어질 수도 있으니 조심해야 한다.

간혹 이런 물건들도 대출해주는 은행이 있다. 법원에서 명함을 나눠주는 대출중개인을 이용하면 된다. 이들은 보통 대출 문의가 들어오면 법무사에게 연락한다. 사건번호를 얘기하면 대출 가능한 은행과 금액 조건 등을 알아보고 낙찰자에게 연락을 준다. 이 법무사들이 은행에 사고가 나지 않을 안전한 물건이라는 의견을 제시하면 은행에서는 간혹 대출을 실행해 주기도 한다. 다만, 이때는 이율이 일반 대출보다 훨씬 높다는 단점이 있다.

# 부동산매매사업자와 주택임대사업자로 등록하면 유리한가요

주택임대사업자와 부동산매매사업자 모두 득실을 따진 후 개인이 등록 여부를 선택할 수 있다. 그러나 임대사업자는 소득에 대하여 신고만 하면 되지만 부동산의 매매를 자주 하게 되면 국세청에서 연락이 온다. 매매를 자주 하니 매매사업자로 등록하라고 권유하는데 강제적인 사항이 아니기에 본인의 판단하에 등록하지 않아도 상관없지만 앞으로 세금 납부에 관해 꼼꼼히 살펴본다며 심리적으로 압박을 준다.

필자는 가진 자본금이 적었기에 장기투자를 할 수 없었다. 그래서 처음 낙찰받은 해부터 초기 3년 정도 단기투자를 많이 했고, 약 15건에 이르는 매매를 하자 국세청에서 매매사업자로 등록하라고 연락이 왔다.

주택임대사업자가 주택을 매입할 때 담보대출에 유리한 점이 있어서 한동안 많은 사람이 갭 투자를 하기 위하여 이용해 왔다. 그래서 정부에서 담보대출에 대한 비율을 낮춰 투기목적의 사업자등록을 지향했다. 각 사업자별로 장·단점이 있으니 경매를 지속적으로 하려 한다면 임대사업과 매매사업에 대해 알아두는 것이 좋다.

• 부동산매매사업자

부동산의 매매 또는 그 중개를 사업소득으로 나타내어 부동산을 판매하거나 사업의 목적으로 1과세 기간에 1회 이상 부동산을 취득하고, 2회 이상 판매하는 경우(건물을 신축하여 판매하는 경우를 포함)를 매매사업자로 본다.

• 주택임대사업자

임대사업자는 주택임대사업자와 부동산(상가)임대사업자로 나뉘는데, 같은 임대사업이지만 세무 상으로 전혀 다른 사업이다. 주택임대사업자로 등록하게 된 경우에는 해당 주택은 주택 수에서 제외되고 종합부동산세 배제 등 많은 세제 혜택이 있는 반면 의무 임대 기간이라는 제약도 따른다.

| 구분 | 일반인 | 주택임대사업자 | 부동산매매사업자 |
|---|---|---|---|
| 주택<br>규모 | 규모에 상관 없음 | ·주택은 149㎡ 이하<br>·수도권은 6억, 지방은 3억 원 이하<br>·오피스텔은 85㎡ 이하 주거용 | ·면세사업자로 등록하면 85㎡<br>이하는 부가세 면세. 그 이상 규<br>모의 주택은 부가세 10% 발생 |
| 취득세 | 고정 세율 | ·최초분양 받은 공동주택(아파트,<br>연립,다세대)에 한에 전용면적<br>60㎡ 이하는 100% 면제·60~<br>85m²는 50% 감면<br>·취득세가 200만 원 초과 시는<br>15%가 부과 | ·일반과세자와 동일 |
| 재산세 | 1년에 한 번 부과 | 85㎡이하의 공동주택 2채 이상<br>을 5년 이상 보유하면<br>① 40m² 이하는 100% 면제<br>② 60m² 이하는 50% 감면<br>③ 85m² 이하는 25% 감면<br>④ 감면세액이 50만 원을 초과<br>하면 15% 부과 | ·일반 과세자와 동일 |
| 양도<br>소득세 | ·단기투자 기본40%<br>·1년이상 보유한<br>부동산은 일반세<br>율(조정지역과 보유<br>주택수에 따라 가산<br>세가 있음) | 임대사업자의 거주 주택 처분<br>시 양도세 비과세<br>① 공시지가 6억 이하<br>② 5년 이상 임대 기간을 갖추고<br>③ 자신이 거주한 주택은 2년 이<br>상의 거주요건 | ·매매 시 마다 예정신고. 투<br>자기간에 상관없이 일반과<br>세 |
| 경비<br>인정 | ·자본적 지출만 인정<br>(부동산의 가치가 현저<br>히 올라가는 항목)·난<br>방공사, 보일러 교<br>체, 새시,확장공사 | ·장부기장을 하면 필요경비를<br>공제받을 수 있는 범위가 넓어<br>짐(도배, 장판, 보험료, 차량유지비,<br>인건비, 접대비, 감가상각비 등) | ·주택임대사업자처럼 필요<br>경비가 인정되는 범위가 넓<br>음. 경매로 낙찰시 명도 비<br>용(이사비)도 경비로 인정 |
| 단점 | 단기투자시 세율이<br>높음 | ·임대 의무 기간 위반 시 과태료<br>부과<br>·전월세에 대한 소득신고 절차<br>를 위반할 경우 징역이나 벌금<br>에 처함 | ·부동산매매 시 일반세율을<br>적용하지만, 종합소득세 납<br>부 시 1년간 총 소득에 따<br>라 세금을 납부해야 하므로<br>결국 세율이 높아짐 |
| 단점 | | 〈주택임대사업자, 부동산매매사업자 공통〉<br>·소득세, 건강보험료, 국민연금이 상승<br>·남편 직장의료보험에 피보험자로 가입되어 있는 주부가 임대<br>사업자로 등록할 경우 지역의료보험으로 바뀌게 되어 보험료<br>를 많이 내게 됨 | |

# 한 눈에 파악하는
# 경매 사이클 7단계

물건 선정부터 매도에 이르는 과정까지 단계별로 물 흐르듯이 자연스럽게 진행해야 할 기본 내용과 점검 사항에 대해서 알아보자. 유료경매 사이트를 보면 권리분석부터 배당금액과 등기부 등본, 감정평가서까지 한 눈에 보기 편하게 정리되어 있다. 또 세금 정보, 예전 매각 사례, 인근 낙찰가격 등 각종 정보도 많다. 하지만 이들 유료 경매 사이트를 이용하기에 앞서 가장 기본인 대법원 경매 사이트에서 분석하는 법에 대해 알아보자.

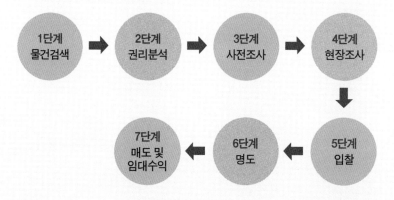

## 1 물건검색

매주 진행되는 경매물건은 최소 수천 건에 이른다. 이 중에서 수익이 날만한 물건을 고르기 위해 모두 살펴본다는 건 현실적으로 무리다. 많은 시간과 육체적 노동을 해야 하는 불필요한 행위다. 그러니 물건을 검색하기에 앞서 투자 목적과 투자 가능한 금액 등을 미리 생각하고 물건을 검색하자. 그렇게 기준을 미리 정해 놓고 검색하면 소요되는 시간도 아낄 수 있고, 본인이 투자하기 좋은 물건을 선별하기 유리하다.

첫째, 목적 : 실거주용, 투자용

둘째, 투자 기간 : 단기투자 또는 장기투자(월세 수익)

셋째, 투자 가능 금액 : 투자할 부동산 종류, 소재지에 따라 필요 자금 예상

대법원 경매사이트( https://www.courtauction.go.kr/ )에서 사건검색

위의 이미지는 물건 상세 검색화면이다. 화면에 보면 법원별, 사건번호별, 용도별, 금액별 등 여러 조건을 입력하여 물건을 검색이 가능하다. 본인이 선호하는 지역이 있다면 지역을 한정하여 검색하고, 용도와 최저매각 가격 등의 범위를 지정하면 조건에 맞는 부동산만 검색되니 시간을 절약할 수 있다.

대법원 경매 사이트에서 먼저 감정평가서와 현황조사서를 파악한다. 두 서류 모두 대부분 기본적인 내용을 다루고 있다. 만약 법원에서 현황조사했을 때 정확한 내용을 모르면 '미상', '○○ 여지 있음' 등으로 기재

하므로 정확한 내용은 꼭 현장에서 파악해야 한다. 특히 매각명세서나 특별 매각조건을 유심히 보자. '대지권 미등기', '토지별도등기', '유치권 신고 있음', '제시 외 매각 제외' 등 특별한 내용이 있다면 초보자들은 피하는 것이 좋다. 이런 내용이 있는데 꼭 입찰하고 싶다면 입찰해도 괜찮은 물건인지 전문가의 조언을 들은 후 결정하기 바란다. 이제 특별한 사항이 없고 해당 사건을 입찰하고 싶다면 등기부 등본을 발급받아 권리분석을 해야 한다.

유료사이트를 이용하는 가장 큰 이유 중 하나는 유료사이트에는 기본적으로 경매가 진행될 당시 등기부 등본을 언제든지 바로 확인이 가능하다는 점이다. 유료사이트를 이용하지 않는다면 물건을 파악할 때마다 등기부 등본을 발급받거나 열람해야 하는데 한 건당 700원에서 1,000원이 필요하다. 또한, 비용을 떠나 부동산 소재지를 입력, 결제, 출력하기까지 제법 시간도 많이 소요된다. 그러니 경매를 한 번만 하고 말 것이 아니라면 유료사이트를 이용하는 게 좋다.

## 2 권리분석

앞에서 다룬 〈고수의 노하우 -10분에 끝내는 권리분석〉을 적용하여 권리분석을 간단히 끝내자. 등기부 등본을 발급해 등기부 등본 상 내용과 임차인의 권리를 파악한다. 등기부 등본은 등기소, 주민센터, 무인민원 발급기, 인터넷등기소에서 발급이 가능하다.

| 확인 사항 | 내용 |
|---|---|
| ① 등기부 등본상 권리가 (근)저당, (가)압류로만 이루어진 물건 | 이들 권리는 아무리 많이 설정되어 있어도 모두 말소가 될 운명이다. 각종 선순위 특수물건, 피해야 할 후순위 가처분 등 아예 생각할 필요가 없다. |
| ② 임차인의 권리가 제일 빠르지 않은 것 | 임차인이 근저당이나 가압류 등 다른 권리보다 빠르면 전액 배당받을 때까지 명도를 거부할 수 있으며, 세금이나 밀린 임금 등에 의해 낙찰자가 인수해야 할 금액이 상상도 못 할 정도로 큰 경우도 있다. 그러니 근저당이나 가압류 이후 임차인이 전입한 물건만 선택하자. |
| ③ 매각명세서상 특이한 사항이 있는 물건은 제외 | 토지별도 등기, 대지권 미등기, 건물만 매각, 토지만 매각, 유치권 신고 있음, 법정지상권 성립 여지 있음, 낙찰 시 소멸되지 않는 권리 있음 등 이런 내용이 있는 물건은 피하자. 초보자가 하기에는 절차가 복잡하고 자칫하면 큰 손해를 볼 수도 있다. 그러니 매각명세서상 특이 사항이 없는 물건만 선택하자. |

## 3 사전 정보 취합

대법원 경매사이트(유료사이트)와 등기부 등본을 보고 관심이 가는 물건이라면 현장에 가기 전에 정보를 모아야 한다. 요즘은 인터넷으로 웬만한 정보는 알 수 있으니 미리 알아보는 것이 좋다. 개략적인 시세, 국토교통부 실거래가, 인터넷 매물, 단지 정보, 아파트의 구조나 위치 등을 알아보자. 그리고 기본 정보를 바탕으로 선정한 예상 금액으로 낙찰받으면 수익을 낼 수 있다는 생각이 든다면 그때 현장 조사에 나서면 된다. 최저매각 가격이 저렴하다고 모두 현장 조사하려 든다면 시간과 경비가 너무 많이 소요될 수 있다. 그러니, 사전에 기본 정보를 취득하고 본인의 투자 기준에 적합해 보이는 물건만 현장에서 정확히 파악하자.

## 4 현장조사

① 전입세대를 열람하여 점유자를 파악한다.

② 건물의 하자, 입지, 교통, 일조량 등을 파악한다.

③ 점유자를 만나 직접 내부를 보고 대화를 나눠보면 좋겠지만 여의치 않다면 위층이나 아래층을 방문하자. 주변 사람들 탐문으로 해당 부동산에 대해 알아보면 된다. 그들에게서 거주자에 관한 내용을 알 수도 있다.

④ 중개업소는 최소 2~3개 정도 방문한다. 가능하면 매수인, 매도인 입장에서 문의하면 좋다. 이때 대부분은 매도인으로 얘기했을 때 급매가를 알기 좋다. 대부분의 중개업소에서는 하나라도 더 중개를 빨리하기 위해서 지금 나온 물건들보다 저렴하게 내놓아야 팔린다고 말하기 때문이다.

| 현장조사 확인사항 | | | |
|---|---|---|---|
| 사건번호 | | 매각물건 종류 | |
| 감정가격 | | 입찰기일 | |
| 주소 | | | |
| 면적 | | | |
| **사전조사 및 현장조사** | | | |
| 건축년도(보존등기) | | 점유자 | |
| 구조/층 | | 채광/방향 | |
| 방/욕실수 | | | |
| 인터넷 시세 | | 인터넷 시세 | |
| 국토부 실거래가 | | 미납관리비 | |
| **주변조사** | | | |
| 편의시설 | | 학교 | |
| 교통 | | | |
| **시세조사** | | | |
| KB 시세 | | 생활정보지 시세 | |
| 시세 | | | |
| 중개업소 | 가격: | 연락처: | |
| 중개업소 | 가격: | 연락처: | |
| 중개업소 | 가격: | 연락처: | |
| 기타 특이사항 및 의견 | | | |

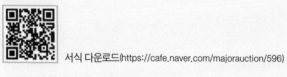

서식 다운로드(https://cafe.naver.com/majorauction/596)

① 기일입찰표는 입찰 전날에 작성한다.

② 입찰보증금은 수표 1장으로 미리 준비한다.

③ 입찰 당일 법원으로 출발하기 전에 매각물건이 집행정지, 변경, 연기, 취하되지는 않았는지 꼭 확인한다.

④ 신분증, 기일입찰표, 도장을 준비한 후 출발한다.

⑤ 법원에 도착하면 입찰 물건에 변동 사항이 있는지 법원 게시판을 재확인한다.

⑥ 낙찰받지 못하면 보증금을 돌려받으면 되고, 낙찰받으면 '보증금 보관 영수증'을 받고 대출중개인의 명함을 받아서 온다.

⑦ 농지를 낙찰받으면 해당 경매계로 방문해 '최고가매수신고인 증명'을 발급받아 구, 군청, 읍, 면사무소에서 '농지취득자격 증명'을 발급받아 제출한다.

⑧ 주택을 낙찰받았으면 해당 부동산에 방문해 점유자의 전화번호를 알아 온다.

　

여기서 중요한 건 낙찰을 받았다면 해당 부동산에 당일 방문하라는 것이다. 입찰하러 가면 거의 하루를 다 투자해야 한다. 나중에 따로 점유자를 만나러 시간을 내는 것보다 낙찰 당일에 방문하면 시간도 절약할 수 있고, 잔금 납부하기 전까지 명도 협상을 마무리 짓기 위해 시간을 유용하게 활용할 수 있기 때문이다.

## 6 명도

① 대리인(직원)의 신분으로 협상한다. 자신이 결정권자가 아님을 내세워 임차인의 과도한 요구사항을 거절할 명분을 만들기 위함이다.

② 이사비는 적은 금액으로 시작해서 비용을 올리는 대신 '명도일을 앞당긴다'라거나 '임대인을 구할 때 성실히 협조할 것' 등 요구 조건을 제시하며 협상한다.

③ 협상이 잘 안된다면 내용증명을 보내 심리적으로 압박한다.

④ 협상이 마무리되면 '합의 및 이행각서'를 작성해서 한 통씩 나눠 갖는다. '합의 및 이행각서'를 작성하면 점유자가 심리적으로 약속을 어기기 어려워한다.

⑤ 명도확인서는 꼭 집을 비울 때 건네준다. 절대로 미리 주면 안 된다.

## 7 매도 및 임대하기

대출을 이용한다면 은행에서 지정하는 법무사 사무실에서 소유권이전 등기를 진행할 테니 낙찰자는 별도의 할 일이 없다. 그러나 소액 물건을 낙찰받거나 잔금을 본인이 모두 준비할 수 있어서 대출을 이용하지 않는다면 소유권 이전 등기를 직접 해보는 것도 좋다.

소유권이 이전되는 절차를 이해할 수 있으며, 반나절만 투자하면 최소 30~50만 원 정도는 절약할 수 있다. '이왕이면 다홍치마'라고 집을 깔끔하게 청소하고 인테리어를 해놓으면 더 빨리 거래되는 상황이 종종 생긴다. 비용을 줄이고 경험을 쌓고 싶다면 직접 재료를 구매해서 작업해보는 것도 좋다. 처음에는 쉽지 않아도 시간이 지나면 다 도움이 된다.

매도나 임대는 여러 중개업소에 매물로 내놓는 것이 좋다. 거래를 빨리 성사시키고 싶다면 집을 예쁘게 꾸미는 것도 중요하지만, 중개업소 사장님께 중개 수수료를 법정수수료보다 더 주는 방법도 있다. 부동산 중개에 따른 법정수수료가 정해져 있지만, 수수료를 더 준다고 하면 당연히 다른 부동산보다도 더 적극적으로 거래를 성사시키려 한다.

부록 2

×

# 수리비도 아끼고
# 잘나가는 집을 위한
# 셀프 인테리어 팁

필자는 집을 사면 대부분 수리를 하고 매도한다. 경험상 그냥 파는 것보다 빨리 팔리기 때문이다. '보기 좋은 떡이 먹기도 좋다', '이왕이면 다홍치마'라는 속담이 있듯이 그만큼 눈에 보이는 것은 구매를 결정하는 데큰 요인으로 작용한다. 하지만 경매로 낙찰 받은 주택을 직접 거주하지않는 한 수리 비용과 인테리어 비용을 최대한 절약해서 임대든 매매든빨리 계약이 이루어지는 방향으로 진행해야 한다. 특히, 주택을 임대로놓으려 한다면 당연히 집을 수리하고 도배, 장판을 하는 방향으로 가닥을 잡아야겠지만, 빠른 시일 내의 매도를 고려한다면 과연 얼마의 비용을 들여서 얼마나 손을 봐야할지 고민하게 된다.

부동산매매사업자나 주택임대사업자라면 도배, 장판 등 인테리어 비용모두 경비로 처리가 가능하지만 일반투자자는 도배, 장판 비용은 경비로 처리되지 않으니 그냥 불필요한 돈이 지출되는 것이나 다름없다. 이비용은 경비로 처리가 안 되고 고스란히 비용이 된다. 그러니 수익률과수리비에 들어가는 비용을 어느 정도 예상할 수 있는 안목이 있으면 좋다. 더 나아가서 도배나 장판, 페인트, 화장실 수리 등 어떤 식으로 작업이 진행되고 어떻게 비용이 책정되는지 알고 있다면 일을 의뢰하는데훨씬 효율적으로 진행할 수 있다.

필자의 경우, 경매 초창기에 자본이 적은 이유도 있었지만 모든 형태의부동산 경매에 투자해보고 싶었던 것처럼 웬만한 인테리어는 손수 해보고 싶었다. 그래서 경매 초창기에는 낙찰받으면 디지털도어락 교체를시작으로 전기 작업, 싱크대 시트지 작업, 화장실 수리, 페인트칠, 등 거의 모든 작업을 직접 했다. 직접 작업하지는 않더라도 인테리어와 수리 과정에 대해 알면 경매로 주택을 낙찰 받든 매매로 직접 거주할 주택을 구입하든 도움이 된다.

## 1 필요경비로 인정되는 상황과 인정되지 않는 경우

먼저 경비로 인정되는 경우는 크게 두 가지로 생각해 볼 수 있다.

① 누수공사, 난방공사 등 기본적으로 살아가는 데 꼭 필요한 공사

② 확장공사, 새시공사 등 주택 자체의 가격을 높여 주는 공사

이 두 경우는 필요경비라 하여 양도소득세 계산 시 경비로 처리가 가능하지만 도배, 장판, 싱크대 교체 등은 살아가기 위해 꼭 필요한 필수 요소가 아니기에 경비로 인정되지 않는다.

## 2 인테리어 순서

수리나 인테리어를 하는 과정은 거의 순서가 정해져 있다. 예를 들면 도배작업 후 장판시공을 해야 벽과 바닥이 깨끗한데 만약, 장판부터 시공하고 도배 작업을 하면 장판에 흠집이 나거나 지저분해질 수 있다. 이처럼 수리나 인테리어는 기본 순서에 따라 작업을 진행하는 것이 좋다.

①철거 ⇨ ②방수 ⇨ ③페인트 ⇨ ④타일공사(화장실, 베란다) ⇨ ⑤몰딩 ⇨ ⑥싱크대, 신발장 ⇨ ⑦도배 ⇨ ⑧장판 ⇨ ⑨청소

※전등이나 콘센트 교체는 도배 시공을 하면서 진행하면 된다. 도배를 하려면 어차피 전등과 콘센트를 모두 떼어낸 후 시공이 끝나면 다시 부착해야 한다. 그러므로 조명 전문점이나 인 터넷으로 미리 구매 후 도배 작업하는 사장님께 부탁하면 교체해 준다.

만약 도배만 하고 콘센트를 교체하지 않으면 콘센트의 바란 색 때문에 오히려 눈에 띄고 지 저분해 보인다. 따라서 도배를 의뢰한다면 콘센트는 몇 만 원이면 구매할 수 있으므로 꼭 교 체한다.

## 1) 철거

만약 인테리어 계획에 화장실을 전면적으로 공사하거나 싱크대를 교체 하려 한다면 이들을 미리 철거하고 시작해야 일을 진행하기가 수월하 다. 간단히 세면대만 교체하거나 수도꼭지만 교체, 타일 작업만 한다거 나 싱크대를 교체하지 않고 수리하거나, 시트지 작업만 한다면 먼저 손 댈 필요는 없다. 철거는 개인이 하기 어려우므로 업체에 맡겨야 한다.

## 2) 방수

벽면에 균열(크랙)이 있거나 윗집에서 흐르는 물이 있다면 우선 작업 대 상이다. 실내를 아무리 깔끔하고 예쁘게 꾸며도 습기에 노출되면 변색 되고 쉽게 노후하기 때문이다.

초보자는 되도록 누수가 있는 주택은 입찰을 피하는 것이 좋다. 누수의 원인이 명확해 그 원인만 제거한다면 큰 문제가 없겠지만 가끔 누수의 원인을 찾지 못해 공사 업체를 불러 일을 의뢰해도 제대로 마무리를 못

하는 경우도 있다. 누수를 잡는 과정은 생각보다 비용과 시간이 많이 소요된다. 그러니 초보자는 되도록 피해야겠으나 입찰할 때는 몰랐다가 낙찰받고 차후에 누수가 있음을 알게 되어 누수를 해결해야만 하는 상황이 발생한다면 비용을 최대한 줄이는 방향으로 방법을 모색해야 한다. 방수 공사와 페인트 작업은 타 작업에 비해 재료비보다 인건비가 차지하는 부분이 특히 많다. 직접 하면 많은 비용을 절약할 수 있지만 많은 작업시간과 노동이 필요하다.

방수 작업을 하는 방법에는 여러 가지가 있으나 초보가 가장하기 쉬운 방수시멘트를 바르는 방법이다. 이때 외벽보다 내부 방바닥에는 조금 묽게 하여 붓으로 칠하면 된다. 이 작업은 기본적으로 세 번해야 한다. 한 번 칠한 후 마르면 또 칠하고, 마르면 또 칠해야 제대로 방수가 된다. 처음 칠한 방수제가 마른 후 덧칠해야 하므로 세 번의 공정이 끝나면 보통 3일 이상 소요된다.

---

**방수시멘트 = 액체 방수제 + 시멘트 + 물**

---

유난히 외벽 쪽 창문과 베란다 새시 쪽에 누수자국이 많은 집은 창문 새시의 틀과 이음새가 벌어져 그 사이로 빗물이 유입되어 발생한다. 이런 곳은 방수 시멘트로 해결하는 것보다 코킹 작업이라 하여, 벌어진 부분을 청소한 후 프라이머 같은 접착제를 도포하고 창호전용 실란트로 마감하는데 이 부분은 전문가에게 맡기는 것이 좋다. 개인이 직접 하기에

는 무척 어렵다.

## 3) 페인트

페인트는 기본적으로 유성페인트와 수성페인트로 나뉘는데 일반적으로 수성용 페인트를 가정용으로 많이 사용한다. 수성페인트로 집 내부의 벽면(도배를 하지 않는 부분), 방문 등을 칠하면 된다. 참고로 주택 내부를 칠하는데 절대로 유성페인트를 사용하면 안 된다. 페인트 작업도 인건비가 차지하는 비중이 꽤 높다.

보통 베란다, 방문 정도 페인트 작업을 하는데 작업할 양이 많지 않으면 직접해보는 것도 경험상 좋고 경비 절감도 되지만 쉽지 않은 작업임에는 분명하다. 하지만 도배, 장판, 타일 시공 등은 전문가가 하지 않으면 하자가 발생할 가능성이 많으나, 페인트 작업은 서툴게 작업했을 경우 깔끔하지 못한 벽면을 제외하곤 특별히 하자가 발생할 일은 없으니 작업할 양이 많지 않다면 직접 하는 것도 괜찮다.

## 페인트 작업 순서

### ① 벽면 정리

방수 작업과 마찬가지로 페인트 작업을 시작할 때는 면을 매끄럽게 작업을 미리 해야 한다. 이때는 보통 사포나 스크래퍼나 헤라를 이용해 벗겨진 칠 등을 말끔히 제거해준다.

헤라

② 마스킹테이프, 커버링테이프 작업

페인트는 칠하고 마르면 잘 지워지지 않는다. 그래서 페인트칠을 하는 곳 주변이 지저

분해지는 것을 방지하기 위하여 마스킹테이프나, 커버링테이프로 사전 작업을 한다.

페인트가 묻으면 안 되는 방문 손잡이나, 바닥, 유리창 등에 미리 붙이고 페인트 작업

이 모두 끝나면 제거한다.

마스킹테이프

커버링테이프

③ 젯소 도포

젯소는 페인트의 흡착력을 높이고 기존에 칠해

진 페인트 색을 덮어주어, 새로 칠한 페인트를

보다 깨끗하고 선명하게 해준다. 보통 2회 정도

칠하는데 한 번 칠하고 완전히 마른 후 다시 칠

해야 한다. 제품에 따라 약간의 차이가 있지만

젯소는 보통 20% 정도 물에 희석해서 사용한다.

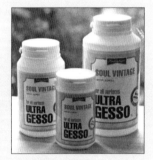
젯소

④ 페인트칠하기

페인트 작업도 방수 작업과 마찬가지로 보통 3번 덧칠해야 한다. 페인트 작업을 하는

업체는 뿌리는 기계를 갖고 작업을 하므로 빠른 시간에 작업이 끝나지만 셀프로 할 때는 롤러와 붓으로 칠해야 하고, 3번 칠해야 하므로 시간이 많이 소요된다.

핸디코트

페인트는 물에 희석해서 사용하고, 페인트의 원색을 사용해도 되지만 두 가지 색을 섞어 새로운 색을 만들어 사용하기도 한다. 두 가지를 섞어서 사용할 때는 색의 비율을 맞추기 어려우므로 한 번에 넉넉한 양을 미리 섞어 놓아야 한다.

참고로, 벽면에 페인트 작업을 할 때 못 구멍이나 모서리가 파손됐다면 '핸디코트'를 이용해 먼저 홈을 메우고 작업하면 깔끔하다. 핸디코트의 강도는 시멘트에 비해 많이 떨어지지만 작업이 간단하고 쉽다. 그냥 덜어내어 바르면 된다. 뚜껑을 잘 닫고 보관을 잘하면 몇 년을 사용할 수 있다. 업자들은 '빠대' 혹은 '빠다'라고 부르기도 한다.

구멍 난 벽을 핸디코트로 메운 후 페인트칠하면 된다

## 4) 타일 공사

물이 사용되거나 물이 접촉될 수도 있는 바닥이나 벽면은 대부분 타일로 마감한다. 장판과 도배지는 업자들이 샘플을 들고 다니며 원하는 스타일과 종류를 쉽게 고르지만, 타일은 종류가 너무 많고 샘플도 무거워 대부분 매장에서 직접 고른다. 보통 타일 시공은 기존 타일을 철거하지 않고 덧방 시공하는 것이 일반적이다. 철거 후 시공도 가능하지만, 철거 비용이 꽤 많이 들기 때문에 대부분 기존 타일 위에 겹쳐서 시공한다. 하지만 벽면이 불룩하게 튀어나왔다거나 깨진 부분이 있다면 그쪽 면은 철거 후 시공해야 깔끔하다.

| 타일 시공 방법 | | |
|---|---|---|
| 덧방<br>(본드발이) | 기존에 시공돼 있던 벽타일 위에 접착제를 이용하여 덧붙이는 공법 | 비교적 작업이 쉽고 비용이 적게 든다. |
| 떠발이 | 기본 콘크리트 구조물에 시멘트와 모래를 혼합한 몰탈을 타일 뒷면에 올려 밀어붙이는 공법 | 덧방 공사에 비해 시간과 비용이 많이 든다. |

① 공사 면적(타일 필요 양)

일반 단독 주택은 집의 스타일과 구조에 따라 많이 다르지만 아파트는 대부분 규격이 대동소이 하기 때문에 아파트를 기준으로 필요한 타일의 양을 국민주택 규모로 가장 많은 32평형을 기준으로 알아보자.


a. 작업 장소 : 욕실 벽 2곳, 욕실 바닥 2곳, 현관 바닥, 주방 벽, 발코니(앞, 뒤)

b. 욕실 벽 : 6평 × 2개소(곳) = 12평(욕실 벽은 평균 5.5평 정도인데, 로스 율을 감안해서 작업한다. *로스 율-작업시 버려지는 자투리 부분)

c. 욕실 바닥 : 1.5평 × 2개소 = 3평(로스 율 감안)

d. 발코니 : 앞 4평 + 뒤 3평 = 7평(발코니 크기는 확장 공사 여부와 아파트 스타일에 따라 조

금 다르므로 이 부분을 잘 체크해야 한다.)

e. 주방벽 : 평균 2평

f. 현관 바닥 : 평균 1평(전실 공간이 있다면 더 늘어날 수도 있다.)

g. 총 예상 타일 양 = 약 25평


② 비용 산출

a. 재료비 : 25평 × 타일 가격(타일 가격에 따라 금액차이가 큼)

b. 부자재 : 타일 접착제 + 기타부자재(타일 접착제와 기타부자재는 보통 가격이 비슷하게

든다.)

c. 인건비 : 2019년 현재 타일기공(기술자)은 30만~35만 원 정도이다. 이는 지역과 작

업 스타일에 따라 다를 수 있다. 타일 작업은 보통 기공과 조공(보조)이 한 팀으로 이

뤄 작업하는데 한 팀이 하루에 할 수 있는 시공면적은 평균 10~13평 정도이다. 예를

든 아파트는 위에서 계산한 작업량이 25평이니 한 팀이 꼬박 이틀은 작업해야 한다

는 얘기가 된다. 조공의 인건비는 보통 기공의 3분의 2 정도 하니 20만 원 정도로 보

면 된다. 그러니 하루 한 팀이 작업한다면 약 50만 원 안팎의 인건비가 산출된다. 위

의 사례는 25평 = 이틀 작업량 = 50만 원 × 한 팀 × 2일 = 100만 원 정도의 시공비

가 최소 필요하다.

d. 총 비용 = a + b + c

③ 타일 종류

a. 세라믹 타일 - 토기질 타일, 석기질 타일, 자기질 타일

세라믹 타일은 흙으로 구운 타일을 말한다. 타일매장 전시품이나 우리가 시공하는 대부분의 타일이라고 생각하면 된다. 내부벽 타일은 보통 자기질, 석기질, 도기질 등의 타일을 많이 사용한다. 이 중에서도 도기질을 가장 많이 사용한다. 도기질은 흡수성이 높기 때문에 바닥은 자기질, 석기질 등의 타일을 많이 사용한다.

b. 기타 - 천연대리석, 인조대리석, 복합판, 폴리싱타일, 포천석, 문경석, 마천석, 산호석, 화산석, 파벽돌, 에코스톤, 에코카라트 등

일반 타일보다는 고가이므로 자가 주택이나 고급스러운 스타일을 선호한다면 고려해 볼 만하다.


④ 타일만 교체

욕실에서 위생도구나 천정재는 부분적으로 교체시공이 가능하다. 하지만 타일 시공은 기존 위생도구를 철거하지 않고 시공하면 이음새 부분이 깔끔하지 않기 때문에 부분적인 공사는 잘 하지 않는다. 이런 이유로 변기, 세면대 등 위생도구가 깨끗한데 타일만 지저분하다면 타일줄눈 작업을 해주면 깨끗해 보이고, 경비도 절감되기 때문에 임대를 할 주택에 직접 작업해도 좋다. 작업 방법은 줄눈코팅제(타일박사)를 기존 줄눈 위에 발라도 되고, 기존 타일줄눈을 벗겨내고 백시멘트로 새로 입혀도 된다. 두 가지 방법 중 초보는 줄눈코팅제를 바르는 것이 더 쉽다.

## 3 몰딩

몰딩은 목공작업으로 개인이 하기에는 어렵다. 타카(벽에 못처럼 박는 공구)라는 장비와 각도절단기 등 개인이 평소 구비하기에는 부담스러운 장비와 셀프로 하기에는 까다로운 작업 때문에 업체에 맡긴다. 그런 특성상 가격과 단가를 알기 어렵다.

몰딩은 천장, 걸레받이/바닥 몰딩, 기둥, 문(창문, 방문), 데코 몰딩 등 추가적인 시공에 따라 비용이 추가된다. 가정집에서는 보통 천장(각 방, 거실의 조명 주위), 기둥, 문 등에 작업한다. 몰딩만 따로 시공하는 업자도 있지만 보통은 도배기술자가 같이하는 경우가 많다.

본인이 거주하는 자가 주택이 아닌 경우에는 기존 몰딩에 페인트칠하면 경비가 많이 절감된다. 이때는 앞서 페인트 작업을 할 때 페인트 작업자에게 몰딩까지 같이 페인팅 작업을 같이 의뢰하면 된다(이 비용도 아끼고 싶으면 도배 작업하기 전에 흰색 페인트 구매해서 직접 칠해주면 비용이 많이 절약된다).

## 5 싱크대

싱크대는 부서진 부분이 있거나, 비틀어지지 않았다면 수리, 리폼을 하는 방향으로 잡아야 경비를 절약할 수 있다. 싱크대를 리폼하는 작업도 쉬운 것은 아니다. 하지만 도배·장판·타일보다는 혼자서도 작업할 수 있고 큰 실수만 하지 않으면 나름 깔끔해 보인다. 인테리어 필름지나 시트지를 이용하면 되는데, 인테리어 필름지가 내구성도 좋고 질감이 우수하지만 시트지에 가격대가 비싸다. 비용을 절약하고 쉽게 작업하고 싶다면 시트 지를 사용하면 된다.

| | |
|---|---|
| 인테리어 필름지 | • 초기 접착력이 약해 작업하기 쉬움 (시간이 갈수록 접착력이 강해짐)<br>• 오염과 습기에 강하고 변색이 잘 되지 않음<br>• 질감이 우수함<br>• 열 변형이 가능해 마감이 우수함<br>• 시트지에 가격이 비쌈 |
| 시트지 | • 초기 접착력이 강해 작업하기 어려움<br>• 습기와 불에 약함<br>• 인테리어 필름지에 비해 저렴함<br>• 색상과 디자인이 다양함<br>• 온도 변화에 민감하여 마감 부분이 쉽게 들뜰 수 있음 |

인테리어 필름지와 시트지 비교

## 1) 리폼 순서

① 손잡이 제거 : 기존에 부착되어 있던 손잡이는 리폼하고 나면 지저분해 보이니 교체해하는 게 좋다.

② 문짝 분해 : 무선용 전기 드릴을 이용하면 편리하다(자가에서도 사용할 일이 많다. 하나쯤은 구매해서 갖고 있어도 유용함).

③ 기존 인테리어 필름지 벗기기 : 열풍기(힛팅건)를 사용하면 잘 벗겨진다. 가격은 약 2~5만 원이다.

④ 인테리어 필름지(시트지) 부착하기

⑤ 문짝, 손잡이 부착하기

## 6 도배

도배와 장판은 개인이 직접 시공하기에는 꽤 어렵다. 나는 모두 직접 해봤지만, 한두 번 해보고 지금은 하지 않는다. 어렵기도 하지만 깔끔하게 작업하기 쉽지 않기 때문이다. 그러니 대략 들어갈 재료와 인건비 정도 상식으로 알아두면 바가지요금을 내지 않고 적당한 가격으로 의뢰할 수 있다.

### 1) 도배지 종류

① 종이벽지(합지) : 소폭과 장(광)폭 두 가지가 있다. 벽지의 넓이가 다르다. 소폭이 더 저렴해서 임대차계약 시 집 주인이 세입자에게 주로 해주는 도배지다. 저렴하다는 장점 이외에는 얼룩이 쉽게 지워지지 않고, 수명이 짧은 단점이 있다. 또 도배지를 1~2cm 겹쳐서 시공하기 때문에 이음 자국이 남는다.

② 실크벽지 : 비닐과 종이를 적당한 비율로 합성한 벽지로 종이벽지 보다 가격이 비싸지만, 디자인 품질도 좋고 얼룩이 묻어도 물로 쉽게 닦을 수 있는 장점이 있다. 그리고 종이벽지와는 다르게 겹쳐서 시공하지 않으므로 자세히 들여다보지 않는 한 이음 부분이 잘 보이지 않아 고급스러워 보인다.

③ 이 외에 방염벽지, 지사벽지, 칠하는 벽지(페인트 타입) 등이 있지만 가격도 비싸고,

　일반 주택에서는 거의 시공하지 않는 방법이다.


## 2) 필요량 계산

도배지는 아파트, 일반주택 등 조금씩 차이가 있지만, 평균적으로 평수의 약 2.5배를 필요로 한다. 즉, 분양평수가 32평인 아파트를 도배한다면 32×2.5=80평 정도의 도배지가 필요하다. 소폭은 한 롤이 2평 시공이 가능하다. 실크, 장폭합지는 한 롤이 5평으로 만들어져 있다. 그러니 80÷5=16롤이 필요하다. 쉽게 생각하면 32평의 절반 정도의 도배지가 필요하다. 여기에 작업환경과 로스율과 여유분을 생각하면 한 롤(5평 분량) 정도 더 필요하다고 생각하는 것이 좋다.


## 3) 인건비

도배를 하는 전체 비용의 60% 이상이 인건비일 정도로 많은 비중을 차지한다. 보통 남자 1명이 하루에 일할 수 있는 양을 '한 품'이라하고, 여자 1명이 일할 수 있는 양을 '반 품'이라 하는데, 이는 필요 인력을 구분하기 위한 용어로 인건비가 반값이라는 뜻은 아니다.

현재 인건비는 '한 품'은 약 20~23만 원 정도이다. '반 품'은 '한 품'보다 약 4,5만 원 정도 저렴한 편인데, 이는 지역마다 차이가 있으니 의뢰할 때 물어보면 된다.

4) 인건비 산출

**도배공 1인의 하루 작업량 - 장폭합지 : 하루 40평  실크벽지 : 하루 25평**

장폭합지, 소폭 합지의 경우 도배공 1인이 하루 평균 40평을 시공한다. 위의 32평형은 작업량이 80이니 두 품이 필요하다. 합지의 경우에는 보통 '밀착 시공'이라고 벽지를 벽면에 바로 바르는 작업을 한다. 벽면이 고르지 못한 부분의 작업 시에는 심한 돌기가 생기는 단점이 있지만, 시공 방법이 간단하고 시간이 절약되어 결국 인건비도 절감된다. 실크벽지는 초배 작업을 해야 한다. 그래서 합지 보다 하루 시공 량이 적다.

**인건비가 현저히 저렴한 경우**

간혹 평균 시세와 다르게 무척 저렴한 가격으로 도배를 해준다는 곳이나 사람이 있다. 약 절반 가격에 작업해준다고 하는데, 이들은 교육생이나 초보일 가능성이 많다. 국비로 도배를 교육해주는 직업학교가 있는데, 이곳에서 교육을 받은 사람들이 실습차원에서 의뢰받는 경우가 종종 있다. 무척 저렴하나 작업 수준이 떨어질 수 있음을 고려해야 한다.

5) 부자재 비용

대표적인 부자재는 풀이 있다. 실크벽지로 도배할 때에는 접착력을 높이기 위해 접착제를 추가적으로 넣는다. 보통 부자재는 도배의 양에 따라 필요량이 결정되므로 도배의 양을 기준으로 판단하면 된다. 보통 여유 있게 벽지비의 20% 정도로 생각하면 된다. 즉 합지이건 실크벽지이건 벽지 값이 60만 원이라면 12~13만 원 정도 든다고 생각하면 된다.

## 6) 총 도배 견적

### 32평형 아파트 전체 실크 벽지 시공 시

① 벽지 : 17롤 × 롤 당 가격 = A( 롤 개수는 '분양 평수/2 + 1롤')

② 부자재 : A × 0.2 = B

③ 인건비 : 4품(명) × 22만 원 = 88만 원(초배 1명, 벽지 3명)

④ 식비 : 4명 × 1만 원 = 4만 원(식비는 챙겨주는 곳도 있고 직접 해결하는 경우도 있다)

⑤ 총 비용 = A + B + 88만 원 + 4만 원

## 7  바닥재 공사

### 1) 바닥재 종류

① 비닐장판 : 페트와 일반장판으로 나뉜다. 페트는 폭의 넓이도 약 5~6가지 종류가 있

다. 페트의 특징은 겹쳐서 시공하기 때문에 겹치는 부분이 지저분해지기 쉽다. 일반

장판은 이음 부분이 겹치지 않기 때문에 깔끔하다. 대신 페트보다 가격이 더 비싸

며, 장판의 두께와 품질에 따라 가격의 차이가 많이 난다. 보통 1.8mm(1.8T) 두께가

가장 많이 사용되며, 두꺼워 질수록 가격이 비싸진다.

② 데코타일 : 외부충격에 약한 장판의 단점을 보완한 제품이 데코타일이다. 쉽게 손상

되지 않으며, 부분적으로 유지보수가 가능하다는 장점이 있다. 보통 사무실에서 많

이 쓰인다. 주거공간에도 시공하기는 하는데, 시공시 타일용 접착제(본드)를 사용하

게 된다. 이때 온돌식 난방을 하는 경우 타일 사이가 벌어지면서 접착제가 새어나오

기도 하며, 타일이 단단하고 두꺼워 난방효과가 떨어지며, 감촉도 딱딱해서 주거용에는 일반 장판이 더 좋다.

③ 마루 : 마루에는 강화마루와 합판마루, 강마루, 원목마루 등이 있다. 스크래치나 충격에 강하기 때문에 많이 사용한다. 낙서나 오염도 쉽게 지울 수 있다. 고급스럽게 느껴진다. 그러나 가격이 비싼 편이며 장판에 비해 관리가 어렵다. 조각조각 끼워 맞추어야 하는데 시간이 지나거나 바닥이 고르지 않을 경우, 물이 스며들었을 경우에 삐그덕거리거나 뒤틀림 현상이 발생할 수 있다. 마루도 장판보다 열전도율이 낮아 난방효과가 떨어진다.


2) 필요량 계산

페트는 넓이가 다르므로 방의 면적에 따라 적당한 넓이의 페트를 구매하여 겹쳐서 깔기만 하면 된다. 페트를 제외한 일반 장판은 넓이가 약 183센티미터(cm)이다. 한 롤에 25~30미터(m) 길이로 포장되어 있으며, 보통 1미터 단위로 판매를 한다. 장판시공은 두 장판을 약 5밀리미터(mm) 정도 겹치게 깐 후, 겹치는 부분을 칼로 도려낸다. 그래서 여유 있게 폭을 약 170~180센티미터 정도로 잡고 계산한다.

가로와 세로 시공시 필요량이 다르다. 이는 일명 루스(loose)라고 버려지는 부분이 차이가 나기 때문이다. 장판의 길이를 줄이기 위해 가로로 시공할지, 세로로 시공할지 결정하기도 하지만 무늬의 방향에 따라 결정하기도 한다. 벽에 닿는 부분은 끝을 살짝 올려서 시공하기 때문에 5센티미터씩 추가 계산해야 한다. 즉 방의 가로 길이가 4미터라고 하면

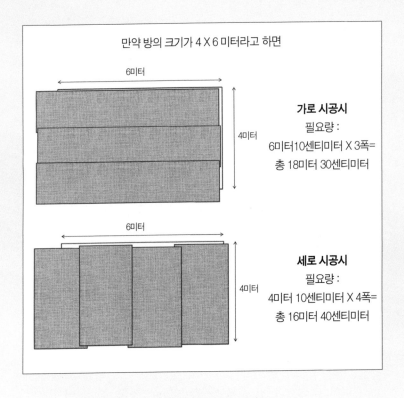

만약 방의 크기가 4 X 6 미터라고 하면

6미터

4미터

**가로 시공시**
필요량 :
6미터10센티미터 X 3폭=
총 18미터 30센티미터

6미터

4미터

**세로 시공시**
필요량 :
4미터 10센티미터 X 4폭=
총 16미터 40센티미터

기본 4미터10센티미터로 생각해야 한다. 장판의 소요량을 최대한 줄이고 싶다면 위의 가로 시공과 세로 시공 중 양이 적게 드는 방법을 선택하면 되지만, 나무 무늬의 경우에는 보기 좋고 넓어 보이게 작업하려면 집의 구조에 따라 방향을 결정해야 한다. 시공하는 방향에 따라 집이 조금 더 넓어 보이는 효과가 있다.

3) 인건비
지역에 따라 조금 차이가 있다. 또 비닐장판, 타일, 마루 등 종류에 따라 다르다. 같은 종류의 바닥재라도 두께에 따라 가격이 달라진다. 제일 많이 하는 장판을 기준으로 하면 1.8T 두께의 시공비는 평당 7,000원 정도한다. 만약 두께가 2T나 2.3T라면 평당 1,000에서 2,000원 정도 올라간다. 마루의 경우에는 보통 강화마루로 많이 작업하는데 2019년 현재 평균 평당 25,000원 정도 한다.

> **참고** 도배지와 장판의 경우에는 같은 품목이라도 제조일자가 다르면 색이 미세하게 다르게 보인다. 즉 같은 디자인으로 골라도 제조일자가 다르다면 색을 다시 배합하는 과정에서 아무리 똑같은 양의 재료가 투입되더라도 완전히 같은 색이 나오지는 않는다. 그러므로 선택한 도배지나 장판이 같은 날에 생산된 것으로 전부 준비되지 않으면, 다른 디자인으로 변경하는 것이 좋다.

## 8 청소

주택의 면적이 작거나 비교적 깨끗하다면 본인이 직접 청소해도 상관없다. 하지만, 혼자 청소하기에 부담스러운(보통 20평형 이상) 면적이거나 찌든 때가 많다면 입주청소 업체에 의뢰하는 것이 좋다. 혼자하기에는 시간도 많이 걸리고 너무 힘들다. 그리고 생각보다 깔끔하게 마무리하기 어렵다. 업체에 맡기며 신경 써서 청소하고 싶은 부분을 부탁하는 것이 좋다. 입주청소 업체는 주변 공인중개사무소에서도 알 수 있고, 인터넷으로 검색해도 된다. 지역에 따라, 작업 환경에 따라 조금 차이가 날 수 있지만 3.3㎡(평)당 8,000~12,000원 정도면 해결된다.

| 사이트명 | 주 소 | 비 고 |
|---|---|---|
| 오늘의집 | ohou.se/store | 인테리어 자재 구매 가능<br>셀프인테리어 정보가 많음 |
| 문고리닷컴 | moongori.com | 인테리어 자재 구매 가능<br>각종 작업 의뢰 가능 |
| 데코페인트 | decopaint.co.kr | 페인트관련 정보 |
| 아이베란다 | iveranda.com | DIY, 철물, 페인트 |
| 철물박사 | metaldiy.com | 철물, 디지털도어락 |

셀프인테리어에 도움이 되는 사이트

# 경매 재테크 성공,
# 결국 실행이 답이다

'백문불여일견(百聞不如一見)'이라는 말처럼 경매라는 부동산 투자도 이와 같다. 이론으로 아무리 많은 내용을 알고 있더라도 이는 직접 한 번 실행해 본 것보다 못하다. 그만큼 경험은 중요하다. 무언가를 익히는 데는 지식을 쌓는 것보다 몸으로 체득하는 것이 훨씬 빠르다. 또한, 절대 잊어버리지 않는다.

필자도 수많은 공부로 머리에 부동산 경매에 대한 각종 지식을 쌓았지만, 도전하지 못하는 바람에 3년이라는 시간만 낭비했다. 다행히 멘토의 도움으로 용기를 내어 입찰에 도전했고 첫 낙찰과 명도, 임대차계약까지 스스로 마무리할 수 있었다. 물건선정부터 현장 조사, 입찰, 낙찰 후 명도와 임대차계약 하는 과정을 모두 스스로 해내고 나니 훨씬 자신감이 생겼다.

첫 낙찰 이후 1년도 안 되어 4건이 넘는 낙찰을 받았고 모두 훌륭한 수익을 내었다. 이후 자신감이 붙자 토지, 특수물건, 상가 등 주거용 주택에 한정되지 않고 다양하게 투자할 수 있었다. 첫발을 내딛기가 힘들었지 그 한 발을 내딛고 나니 경매투자에 대한 막연한 두려움과 걱정도 많이 사라졌다.

그리고 생각지도 못 했던 방법과 요령을 익히게 되었다. 그러면서 알게된 사실은 투자는 돈이 없어서, 지식이 없어서, 뒷배경이 없어서 못하는 것이 아니라는 것이었다. 하고자 하는 의지가 부족했기에 못했던 것이지 여건이 되지 않아 못하는 게 아니다. 스스로 하고자 노력했더니 길이 보였다. 돈이 없을 때는 보증금 없이도 입찰하는 법을 알게 되었고, 세금을 절세하는 법도 알게 되었으며, 일반인들이 모르는 쉽고 안전하게 수익을 낼 수 있는 물건을 선별하는 눈도 갖게 되었다. 이 모든 건 기필코 하겠다는 '굳은 의지'와 '첫발'을 내딛는 것에서 시작되었다. 이 책을 읽었다면 당장 행동해보라. 그렇게 첫발을 내딛는 다면, 어느새 많이 앞서가 있는 자신을 돌아보게 될 것이다.

"목표를 향해 행동하고 싶은 본능이 생기는 순간, 5, 4, 3, 2, 1 숫자를 거꾸로 세고 몸을 움직여야 한다. 그렇지 않으면 머릿속에서 방해할 것이다."

이는 '멜 로빈스의 5초 법칙'에 관한 내용이다. 사람은 목표를 향해 행동하고자 하는 마음이 들었을 때 바로 실행으로 옮겨져야지, 잠깐의 시간만 흘러도 머릿속에는 생각만 많아져 결국 행동하지 못한다는 말이다.

경매로 재테크를 하려거나 내 집을 장만하기로 마음먹었다면, 그래서 이 책을 집어 들었다면 다 읽는 순간 바로 실행으로 옮겨야 한다. 경매물건을 찾아보고 시간을 내어 현장 조사도 하고, 입찰도 해봐야 한다. 그러다 보면 낙찰도 되고, 수익도 실현할 수 있게 된다.

경매는 공부를 많이 해서 지식을 많이 쌓아야 다른 사람들보다 낙찰도 더 잘 받고, 수익을 더 많이 내는 것이 아니다. 주택, 상가, 토지, 오피스텔 같은 부동산의 종류별, 건축, 재개발투자, 임대차, 셰어하우스, 특수물건 같이 투자 방법에 따라서도 수많은 방법과 길이 있다.

이렇게 많은 방법 중에 자신이 할 수 있고, 자신에게 맞는 투자법을 찾는 것은 이론으로는 절대 알 수 없다. 본인 스스로 경험해 가며 찾아야 한다. 그리고 그때그때 공부하면 된다. 시작하는데 결코 다양한 지식은 필요 없다. 오히려 다양한 지식은 실행으로 옮기는 데 방해만 된다. 어렵다는 선입견과 그것을 '잘할 수 있을까?'라는 불안감만 늘어가게 만든다. 8시간이면 충분하다. 경매 기초지식만 쌓아 안전하고 쉬운 물건으로 도전해보자. 부동산 재테크로 가장 빨리 성공할 수 있는 길이라고 감히 자신한다.